취업 FIT

취업 FIT 성공취업 9가지 법칙

초 판 1쇄 발행 | 2025년 6월 6일
지은이 김기진 송재하 홍석환 지은구 최창용 김정기 도하준 심영보 김종찬 김상욱

펴낸이 김기진
펴낸곳 에릭스토리
편집주간 오순영
디자인 가보경 이소윤
출판등록 2023. 5. 9(제 2023-000026 호)
주 소 서울특별시 금천구 가산디지털1로 171, 318호
전 화 (02)6673-1238
팩 스 (02)6674-1238
이메일 ericstory1238@naver.com(원고 투고)
홈페이지 www.ericstory.net

ISBN 979-11-992246-2-9 (13320)

ⓒ 김기진, 2025

- 이 책은 저작권법에 따라 보호받는 저작물이므로 무단 전재 및 무단 복제를 금지합니다. 따라서 이 책 내용의 전부 또는 일부 내용을 재사용 하시려면 사용하시기 전에 저작권자의 서면 동의를 받아야 합니다.
- 책값은 뒤표지에 있습니다.
- 파본이나 잘못된 책은 구입하신 곳에서 교환해 드립니다.
* 이 책에는 '지마켓산스체'글꼴이 적용되어 있습니다.

취업 FIT

김기진 송재하 홍석환 지은구 최창용
김정기 도하준 심영보 김종찬 김상욱

성공취업 9가지 법칙

✕ ERiC Story

프롤로그

"성공취업을 원한다면, FIT하게 준비하라"

김기진

"강사님, 제가 지금 4학년인데 2, 3학년 때 이 강의를 듣지 못한 게 너무 아쉽습니다." 필자가 취업 강의를 할 때면 이따금 듣는 하소연이다. 대학 2학년은 "아직 이르다"고 말하고, 3학년은 "곧 시작하겠다"고 말하며, 4학년은 "이제는 늦었다"고 말하는 경우가 많다.

취업 준비는 단순한 경쟁이 아닌 전략의 문제이다. 그것은 어느 날 갑자기 시작해 단기간에 끝낼 수 있는 이벤트가 아니다. 나를 이해하고, 경험을 쌓고, 나에게 맞는 방향을 설정하는 누적된 설계의 결과다.

많은 대학생들이 스펙을 쌓고, 자기소개서를 준비하며, 면접 강의를 듣지만 정작 자신이 누구인지, 어떤 일을 잘할 수 있는지에 대해서는 충분히 고민하지 않는다. 그 결과 수많은 청년들이 합격 이후에도 "이 일이 정말 나에게 맞는가?"라는 질문 앞에서 다시 방황한다.

입사 후 1년 안에 퇴사하는 비율이 높다는 통계는 취업이 끝이 아니라 시작임을 말해준다. 그 시작이 흔들리는 이유는 바로 'FIT하지 않은 선택' 때문이다.

'취업 FIT'은 '나에게 맞는 취업'을 뜻한다. 좋은 기업을 찾는 것이 아니라 '나와 잘 맞는 일과 조직'을 찾는 과정이 바로 취업 FIT 전략의 본질이다. 남들이 다 간다고 해서 대기업을 선택하거나, 스펙이 부족하다고 해서 눈을 낮추는 접근은 오래가지 못한다. 중요한 것은 '내가 누구인지'에 대한 충분한 탐색을 통해 나에게 맞는 목표를 세우고, 그 목표에 맞는 준비를 전략적으로 실행하는 것이다.

우리는 지금 AI와 함께 일하는 시대에 살고 있다. AI는 빠르고 정밀하게 정보를 요약하고 정리해주지만, "어떤 질문을 할 것인가"는 여전히 인간의 몫이다. 앞으로의 취업 경쟁력은 정보를 많이 아는 사람보다, 자신이 어떤 일을 잘할 수 있고 어떤 문제를 해결하고 싶은 사람인지 정확하게 아는 사람에게 주어진다.

그러므로 지금의 대학생에게 가장 필요한 질문은 "내가 진짜 하고 싶은 일은 무엇인가?", "그 일을 하기 위해 지금 무엇을 준비해야 하는가?", "나의 경험은 어떤 직무와 연결될 수 있는가?"이다. 이것이 성공 취업준비의 가장 기본이다.

취업 준비의 시작은 '자기이해'에서 출발한다. 자기이해란 단순한 성격검사가 아니다. 자신의 강점과 약점을 인식하고, 그것이 어떤 직무에서 어떻게 발휘될 수 있을지를 구체적으로 설계하는 과정이다. 그 위에 경험을 쌓고, 직무를 탐색하며, 자기소개서와 면접을 전략적으로 구성해야 한다. 즉, '나를 기반으로 한 준비'가 취업 FIT 전략의 핵심이다.

이 책은 다음과 같은 3단계로 대학생의 취업 여정을 안내하고자 한다.
첫째, 나를 알아가는 여정이다. 강점, 성격, 가치관을 통해 나에게 맞는 직무와 조직을 찾는 단계이다.
둘째, 준비하는 과정이다. 자기소개서, 면접, 경험 설계, 디지털 브랜딩까지 실전 준비 역량을 키우는 단계이다.

　셋째, 성장해 가는 과정이다. 입사 이후에도 흔들림 없이 커리어를 설계하는 전략을 정리하는 단계이다.

　이 3단계는 단지 책의 순서가 아니라, 취준생_{취업을 준비하는 대학생}이 직접 따라가며 실천할 수 있도록 설계된 커리어 설계 로드맵이다. 읽기만 하는 책이 아니다. 적용하고 변화하는 책으로 활용되기를 바란다.

　지금 이 순간에도 많은 학생들이 '어떻게 해야 할지'를 몰라 남들이 하는 방식을 따라가고 있다. 남과 비교하는 것이 아니라 나에게 집중하고, 나에게 맞는 길을 스스로 찾아가는 과정이다. 그 시작이 빠를수록, 그 전략이 구체적일수록, 취준생의 커리어는 더 견고해질 것이다.

　취업은 단기 목표가 아니다. 내가 어떤 일을 하고, 어떤 삶을 살고 싶은지를 결정하는 진입점이다. 취업을 준비하는 과정에서 자신에 대한 이해도를 높이고, 삶의 목적과 방향을 구체화하는 것이 중요하다.

"지금부터라도 FIT한 취업을 고민하고 준비한다면,
　그 누구보다 자신 있는 모습으로,
　그 누구보다 설득력 있는 자기소개서를 제출하며,
　그 누구보다 확신에 찬 태도로 면접에 임할 수 있을 것이다."

　지금 이 책을 펴든 이 순간이 본인의 커리어 방향을 갖기 시작한 첫 출발점이 되기를 바란다. FIT한 취업은 자신을 이해하는 데서 출발하며, 성장을 이끄는 커리어의 시작이 될 것이다.

취업 FIT

저자 소개

김기진 | KHR Group, 한국HR포럼 대표

아주대학교 겸임교수, 한국HR협회와 KHR GPT 연구소 대표, 피플스그룹 조합법인 이사장, ERiC Story 출판 대표. 16년간 제191회 KHR포럼 개최(회원 3,900명)와 'KHR FTP 인사&인재개발 실태 조사 보고서'를 6년째 발간하고 있다. 현재 육군 인사사령부 스마트 인재시스템 구축 자문위원으로 활동 중이다. 저서는 《AI 대전환 시대, 질문을 디자인하라》, 《아하 나도 줌(Zoom) 마스터》, 공저는 《AI 대전환 시대, Who am I 나는 팀장》, 《AI 대전환 시대, Who am I 인간의 정체성과 변화 적응》, 《코칭 레볼루션: AI시대, 코치형 리더의 탄생》, 《팀장 레볼루션: 이전의 팀장이 사라진다》, 《채용 레볼루션: AI 채용의 힘》, 《ESG 레볼루션: 지속 가능의 힘》, 《HR 레볼루션: 생성형 AI, HR 생태계 어떻게 구축할 것인가》, 《ChatGPT*HR: 생성형 AI, HR에 어떻게 적용할 것인가》, 《왜 지금 한국인가: 한류경영과 K-리더십》, 《하루하루 시작(詩作)》, 《내 인생의 선택》, 《코로나 이후의 삶 그리고 행복》, 《책쓰기, AI가 묻고 인간이 답하다》가 있다. 기고: 《HR Insight》, 《한경닷컴》, 《글로벌이코노믹》, 《창업&프랜차이즈》 등이 있다.

송재하 | K-뷰티기업 인사팀장

글로벌 화장품 시장을 선도하는 K-뷰티기업에서 인사팀장과 인재개발팀장을 맡고 있다. 대기업과 공기업을 아우르며 쌓아온 HR 경력을 바탕으로, 사람과 조직의 성장을 돕는 일을 꾸준히 실천하고 있다. 연세대학교 교육대학원에서 인적자원개발을 전공했으며, 직업상담사, 평생교육사, 인적자원개발사, KAC 등의 자격을 보유하고 있다. 이를 바탕으로 다수의 대학에서 취업과 커리어에 관한 특강을 진행하며, 대학생들에게 실질적인 조언과 따뜻한 격려를 전하고 있다. 실무 기반의 인사 전략과 사람 중심의 리더십에 대해 이야기하는 것을 좋아한다. '일'과 '사람' 사이의 건강한 연결을 끊임없이 고민하는 HR 전문가이다.

홍석환 | 홍석환의 HR전략컨설팅 대표

인사 전문가로 삼성 비서실, 삼성 경제연구소, GS칼텍스, KT&G에서 사원부터 인사담당 임원으로 HR 직무만 수행했다. 20권의 책 집필, 4,000개가 넘는 HR전문지 및 신문 기고, 1년에 100회 가까이 기업 강의, 2005년부터 매년 멘토링 실시, 채용 면접관 교육 및 면접을 하는 등 왕성한 활동을 하고 있다. 채용, 평가, 인재육성, 조직문화, 인력유형별 관리 관련 전문가이며, '리더의 역할과 조직 장악하기'란 주제의 기업 강의로 2024년 명강사로 선정되었다. 주요 저서는 《어서와~HR은 처음이지》, 《강한 회사를 만드는 인사전략》, 《바보야, 평가가 아니라 성과관리야》, 《임원의 품격》, 《사장이 붙잡는 김팀장》, 《누가 원하는 회사를 얻는가》, 《채용의 비결》 등이 있다.

지은구 | KHR그룹 한국HR포럼 스마트워크 연구소장

LG전자 본사와 디자인연구소, CJ푸드빌 HR부서에서 신입사원의 선발과 육성 업무를 실무자이자 관리자로서 커리어 전 기간 동안 맡아왔다. 이후 외부 기업 및 공공조직의 조직개발과 육성 니즈, 인재선발 과제를 수행하는 HR컨설턴트로 활동하며, 솔루션 개발, 워크숍 운영, 강의 등을 진행해오고 있다. 최근에는 신입사원 선발, 육성, 평가에 대한 경험과 연구를 바탕으로 취업준비생들에게 직무 상담, 전형 대응 전략, 코칭 등을 주요 사업 영역으로 삼고 있다.

최창용 | 공학박사, 한영대학교 제철케미칼 전공 교수

현 한영대학교 교무처장, 제철케미칼 전공 교수로 재직 중이다. 한영대학교 취창업혁신센터장, 현장실습지원센터장을 역임하였다. 지역 사회 및 산업 연계를 위한 다양한 활동에 참여해왔으며, 여수시 4차 산업혁명 촉진 및 신산업 육성 위원회 위원, 전라남도여수 민관산학 교육협의회 위원, 중소기업기술개발 지원사업 평가위원으로 활동 중이다. 또한, 여수시 교육혁신위원회 위원, 공공근로 및 지역공동체일자리사업 추진위원회 위원 등을 역임하며 지속 가능한 지역 인재 양성과 청년 진로 지원에 기여하고 있다. 보유 자격으로는 진로지도사 1급, 슘페터 창업디렉터(2급), 스마트공장 수준 확인 심사원 양성과정 수료 등이 있다.

김정기 | 인빌드컨설팅 대표

한국경영인증원 전문위원, 면접관포럼 고문, 경영지도사로서 노사발전재단의 상생컨설팅, 재취업지원서비스 컨설팅, 직무분석 컨설팅을 수행하였으며, 공정채용 우수기업 인증, 공기업 전문 면접관, 가족친화인증 위원, 노사관계 우수기업 인증 평가위원, 일하기 좋은 기업 평가위원으로 활동하고 있다. 커리어코치협회 부회장, 한성대학교 겸임교수를 역임했으며, 저서는 《채용 레볼루션: AI 채용의 미래》, 《인사노무 이해》, 《평생현역 N잡러 도전기》 등이 있다.

도하준 | 경상국립대학교 글로컬대학30사업단 교육지원팀장

강원관광대학교 회계, 인사·노무 계장, 한국국제대학교 법인 계장, 거제대학교 국고지원사업 팀장, 경상국립대학교 LINC사업, LINC+사업 팀장, RIS사업 대학교육혁신본부 부팀장, 미래자동차인재양성 사업단 팀장을 역임했다.

심영보 | 한솔제지 수석

삼성전자, DB하이텍, 서울반도체 인사팀에서 근무하며 HR 전반에 걸친 실무 경험을 쌓아왔다. 산업 현장에 맞는 인재 선발, 조직 운영, 평가 및 육성 체계 구축 등의 업무를 수행해왔다. 공저는 《ChatGPT*HR: 생성형 AI, HR에 어떻게 적용할 것인가》가 있다.

김종찬 | 다이킨코리아 인사총무팀장

육군 중위 전역 후 인사·총무 직무를 시작으로, 30인 미만의 소기업부터 대기업 계열사, 3,000명 이상의 중견기업 본사 인사팀까지 한국의 다양한 기업 형태에서 폭넓은 HR 경험을 쌓아왔다. 현재는 일본 본사의 한국법인인 다이킨코리아에서 인사총무팀장으로 재직 중이다.

김상욱 | HRD박사, 한화에어로스페이스 HR실 인재육성팀 부장

삼성항공기술교육원을 시작으로 삼성인력개발원, 삼성테크윈 지식정보연수소장, 한화에어로스페이스 인력개발원장 등을 거쳐온 30년 경력의 HR 전문가이다. 현재 한화에어로스페이스 HR실 인재육성팀 부장으로 재직 중이다. 또한, 한국능률협회(KMA) 대한민국 HRD부서장 교류회 회장, 한국인사관리협회(KPI) 자문위원으로 활동 중이며, 2015년에는 한국HRD협회로부터 '대한민국 Best HRDer상'을 수상한 바 있다. 현재 《월간 인사관리》, 《월간 HRD》, 《HR 캐스터》 등에 다수의 원고를 기고 중이다.

목차

프롤로그 "성공취업을 원한다면, FIT하게 준비하라" • 김기진		4
저자 소개		8

1부 Fact
나를 이해하라: 취업의 출발점은 '나'다
"내가 진짜 잘할 수 있는 일은 무엇일까?"

법칙 1
- 나를 아는 것이 취업의 절반이다 • 송재하 … 18
  - 자소서를 쓰기 막막한 이유는 나를 모른다는 신호다 … 19
  - 내 안의 강점·흥미·가치관을 꺼내보자 … 23
  - 나랑 잘 맞는 회사와 직무는 따로 있다 … 28

법칙 2
- 전공은 '전공'일 뿐, 직무와 연결해야 보인다 • 홍석환 … 34
  - 내 전공으로 뭘 할 수 있을까? … 35
  - JD(직무기술서)를 읽는 눈을 기르자 … 41
  - 산업별 직무 비교와 '나랑 잘 맞는 일' 찾기 … 50

법칙 3
- 경력이 되는 경험을 전략적으로 쌓아라 • 지은구 … 56
  - 공모전, 자격증 보다 중요한 인턴십, 아르바이트를 통한 조직경험 … 58
  - 취준생에게도 경력개발 전략이 필요하다 … 64
  - 경험을 스토리로 정리하는 STAR 활용법 … 69

2부 Think
나를 표현하라: 보여주는 힘도 전략이다
"내가 가진 걸 어떻게 매력적으로 보여줄까?"

법칙 4 | 자소서, '팔리는 나'를 설계하라 • 최창용 — 76
- 읽고 싶어지는 자기소개서, 가능할까? — 78
- '팔리는 나'를 위한 항목별 자기소개서 작성 — 93
- 완성도 높은 자기소개서를 위한 마지막 점검 — 104
- 선택받는 자소서는 이렇게 쓰자 — 106

법칙 5 | 면접, 나를 디자인하는 무대다 • 김정기 — 110
- 면접 유형별 효과적인 준비 전략 — 111
- 실패하지 않으려면 질문에 '주도권'을 잡자 — 118
- 면접에서 질문을 주도하는 방법 — 123

법칙 6 | 내 이야기를 '직무 중심 스토리'로 엮어라 • 도하준 — 128
- STAR 기법을 넘어, 문제해결형 스토리라인 설계법 — 129
- 경험들을 하나의 직무 중심 내러티브로 엮는 방법 — 137
- 스토리텔링 역량을 자기소개서·면접에 적용하는 구체 전략 — 144

3부 **Plan**
커리어를 설계하라: 첫 직장부터 미래까지
"어디서 시작할까? 그리고 나는 어떻게 성장하고 싶은가?"

법칙 7 | 첫 직장, 어디든 가는 게 아니라 '잘 맞는 곳'으로 가라 • 심영보 … 154
왜 1등이 아닌 3등이 뽑힐까? … 155
연봉보다 중요한 건 나와 잘 맞는 조직문화 … 159
FIT 조직을 고르는 눈과 기업분석법 … 167

법칙 8 | 신입사원 1년, 생존보다 성장을 선택하라 • 김종찬 … 172
비행기 창밖의 상상은 현실이 된다 … 173
첫 1년의 관계, 학습, 성과관리 전략 … 175
무엇이든 배워라, 반면교사도 교사다 … 177
피드백을 성장의 연료로 쓰는 법 … 181
실행을 거듭하면 성과로 연결된다 … 184

법칙 9 | 커리어는 마라톤, 단계별 전략이 필요하다 • 김상욱 … 190
조직 안팎에서 인정받는 사람은 다르다 … 191
5년 차 전략: 인정받는 사람으로 성장하기 … 194
10년 차 전략: 몸값을 두 배로 높이는 방법 … 198
장기 전략: 평생직무와 영향력을 디자인하라 … 203

에필로그 "성공취업, FIT하게 완성하자" • 김기진   210
부록 취업 FIT 실전 준비를 위한 핵심 부록 3종』   215

FACT

나를 이해하라: 취업의 출발점은 '나'다

"내가 진짜 잘할 수 있는 일은 무엇일까?"

법칙 1	나를 아는 것이 취업의 절반이다	송재하
법칙 2	전공은 '전공'일 뿐, 직무와 연결해야 보인다	홍석환
법칙 3	경력이 되는 경험을 전략적으로 쌓아라	지은구

법칙

1

나를 아는 것이
취업의 절반이다

송재하

자소서를 쓰기 막막한 이유는 나를 모른다는 신호다

"당신은 왜 이 일을 하고 싶나요?"

이 단순한 질문에 제대로 답하지 못한 채 수많은 취준생들이 고배를 마신다. 기업은 더 이상 단순한 스펙만을 보지 않는다. 인사담당자들이 말하듯, "우리는 스펙이 아니라 사람을 본다." 이 말 속에는 기업이 진정 원하는 인재상이 담겨 있다. 숫자로 보이는 토익 점수, 자격증, 학점은 기본적인 커트라인일 뿐이다. 그 너머에서 기업은 지원자가 어떤 생각을 하고 어떤 방향성을 지녔는지, 태도와 진정성, 문제 해결력과 팀워크 능력 등을 보고자 한다.

하지만 이러한 역량은 겉으로 드러나지 않는다. 기업은 자기소개서와 면접을 통해 지원자가 어떤 가치관을 갖고 있는지, 왜 그 직무를 희망하는지, 어떤 일을 하며 만족을 느끼는 사람인지 등을 파악하려 한다. 그리고 그 모든 질문의 배경에는 '자기 이해가 되어 있는가?'라는 본질적인 판단 기준이 깔려 있다.

자기소개서에도, 면접도 결국 자신의 이야기다. 어떤 경험을 했고,

거기서 무엇을 느끼고 배웠으며, 왜 지금 이 직무를 원하게 되었는지를 말하는 과정이다. 이 흐름을 만들어 내는 힘이 바로 '자기 이해'다.

당신만의 이야기, 시작은 '자기 이해'

🔍 사례 1. 화려한 스펙의 고배

A씨는 상위권 대학의 경영학과를 졸업하고, 토익 930점, 교환학생, 대기업 인턴 등 화려한 스펙을 갖췄다. 하지만 그는 6개월간 15군데의 기업에서 모두 탈락했다. 자기소개서는 인상적이지 않았고, 면접에서는 "왜 마케팅을 하고 싶냐"는 질문에 "소통과 창의적인 것을 좋아해서요"라고 답했다. 진심은 느껴지지 않았다. 그가 정말 무엇을 하고 싶은지, 그 안에서 무엇을 해봤는지에 대한 고민이 부족했던 것이다. 그의 답변은 진부했고, 구체적인 맥락이 없었다. 지원 동기를 이야기하면서 자신의 과거 경험, 그로 인한 가치관의 형성, 그리고 이 직무를 통해 이루고 싶은 목표가 연결되지 않았다. 진짜 마케팅을 해본 경험이 있는지도, 그 안에서 어떤 고민을 했는지도 느껴지지 않았다. 그는 본인을 잘 포장했지만, 진짜 '자신'은 설명하지 못했다. 결국 면접관은 그를 "열심히는 했지만, 자신이 어떤 사람인지는 모르는 지원자"로 평가했다.

🔍 사례 2. 스펙은 약했지만, '자기 이해'가 있었던 B씨

B씨는 지방대 출신에 스펙도 평균 수준이었다. 하지만 그는 면접에서 편의점 야간 근무 경험을 말하며 물류의 중요성을 직접 목격한 이야기로 면접관의 공감을 얻었다.

"물류가 막히는 순간 매장은 멈춥니다. 고객은 불만을 표하고, 직원은 감정노동에 시달리며, 점주는 손해를 봅니다. 그때 깨달았어요. 보이지 않지만, 물류는 모든 흐름의 시작이라는 걸 알게 되었습니다."

그의 말은 간결했지만 강렬했다. 현장에서 겪은 문제의식, 이를 통해 느낀 필요성, 그리고 직무에 대한 이해까지 담겨 있었기 때문이다. 그는 결국 중견 물류기업에 합격했다. 그의 강점은 스펙이 아닌, '자기 이해'를 바탕으로 한 자신의 이야기였다. 이처럼 '자기 이해'는 단지 준비의 시작이 아니라, 전 과정의 기반이다.

취업 준비는 '나'를 사회에 소개하는 과정이다. 자기소개서도, 면접도 결국은 '자기 이해'를 바탕으로 한 나만의 이야기다. 내가 어떤 경험을 했고, 무엇을 느꼈고, 어떤 가치를 중요하게 생각하며, 그래서 어떤 방향으로 나아가고 싶은지를 이야기하는 것이다. 그 이야기가 납득 가능하고, 설득력 있으며, 구체적일 때 사람들은 고개를 끄덕인다. 그리고 거기서 느껴지는 진정성이 지원자와 회사 사이의 연결점을 만든다.

"내가 누구인지? 무엇을 잘할 수 있는지? 어떤 환경에서 가장 나답게 일할 수 있는지?"

이 질문에 대한 대답이 없다면, 다른 어떤 취업 전략도 모래 위에 지은 성이 된다. '자기 이해'란 단순히 강점 몇 개를 나열하는 것이 아니다. 내 경험 속에서 어떤 가치를 중요하게 여겼는지, 어떤 선택을 해왔는지를 되돌아보는 과정이다.

💡 자기 이해를 위한 3가지 핵심 질문

- 사람들이 나에게 자주 부탁하는 일은 무엇인가?
  ⇒ 타인이 먼저 알아보는 나의 강점

- 나는 언제 가장 몰입했는가?
    ⇒ 몰입은 흥미의 시그널, 지속 가능성의 열쇠
- 가장 힘들었던 시기를 어떻게 극복했는가?
    ⇒ 위기 속에 드러나는 나의 가치관과 문제 해결 방식

'자기 이해'는 시간이 걸리는 작업이다. 하지만 그 시간을 들이지 않으면, 누구에게도 매력적인 이야기로 비춰질 수 없다. 자신에 대해 스스로가 모른다면, 회사도 지원자를 선택하기 어렵다. 진짜 취업 준비는 '나'로부터 시작된다.

내 안의 강점·흥미·가치관을 꺼내보자

"나에 대한 답은 내 안에 있다. 다만 아직 꺼내지 않았을 뿐이다."

취업 준비의 시작점은 자기 이해다. 자기 이해의 핵심은 '강점', '흥미', '가치관'이다. 이 세 가지를 안다는 것은 곧 내가 어떤 일을 좋아하고, 잘하고, 어떤 환경에서 성장할 수 있는지를 아는 것이다.

이 장에서는 이 세 가지를 어떻게 탐색할 수 있을지 실전적으로 안내한다.

1) 강점 탐색: 내가 '잘하는 것'을 찾아내는 법

"나는 도대체 뭘 잘하지?"

많은 취준생들이 이 질문 앞에서 멈칫한다. 어떤 이들은 "내가 잘하는 게 없어"라고 말하고, 또 어떤 이들은 "그냥 평균은 하는 것 같아요."라고 말한다. 하지만 정말로 그렇지 않다. 대부분의 사람들은 자신이 잘하는 것을 모를 뿐이다.

강점이란 '어떤 활동을 할 때 자연스럽게 잘하고, 즐기고, 성장할 수 있는 나만의 특징'이다. 그것은 성적이나 대회 수상 경력만을 의미하지 않는다. 오히려 평소에 무심코 해오던 행동, 친구들이 자주 부탁하는 일, 내가 하기엔 쉬운데 남들은 어려워하는 것 속에 숨어 있다.

✅ **강점의 3가지 특징**

- **자연스럽다:** 누가 시키지 않아도 하게 된다
- **반복된다:** 과거에도 자주 해왔다
- **기분이 좋다:** 하고 나면 뿌듯하고, 더 잘하고 싶어진다

강점은 스펙이 아니라 성향이다. 그래서 경험을 돌아보는 것이 가장 좋은 출발점이다. 학창 시절, 아르바이트, 동아리, 인턴 등에서 '내가 잘했던 순간'을 떠올려 보고 그 경험 속에서 어떤 패턴이 있는지 관찰해 보자.

🔍 **사례**

- 팀플할 때 발표를 맡으면 신나고 잘 된다 → 말로 전달하는 강점
- 친구들이 항상 고민을 털어놓는다 → 공감 능력과 신뢰를 주는 강점
- 엑셀로 정리하는 걸 좋아한다 → 체계적이고 분석적인 강점

✏️ 나의 강점을 탐색하는 3가지 핵심 질문을 스스로에게 던져 보라. 어떤 일을 할 때 덜 지치고, 더 오래 집중할 수 있었는지? 팀 프로젝트에서 나에게

자연스럽게 주어진 역할은 무엇이었는지? 내가 했던 일 중에서 가장 주변에서 칭찬을 많이 받은 일은 무엇인지?

2) 흥미 탐색: 내가 '좋아하는 것'을 들여다보는 법

"좋아하는 걸 하며 살고 싶어요." 많은 취준생들이 이렇게 말한다. 하지만 막상 "무엇을 좋아해요?"라는 질문을 받으면 쉽게 대답하지 못한다. 어린 시절엔 분명 좋아하는 게 있었던 것 같은데, 지금은 "뭘 좋아했더라…" 하고 고개를 갸웃하게 된다. 왜일까? 우리는 성장하면서 점점 '해야 할 일'에 집중하고, '좋아하는 일'을 잊어버린다. 학점, 어학, 인턴, 공모전, 자격증 등 무언가를 이뤄야만 하는 삶 속에서 즐겼던 것은 뒷전이 되어버렸다.

하지만 좋아하는 일을 알아야 열정을 쏟을 수 있는 직업을 찾을 수 있다. 흥미는 '몰입'의 순간에 나타난다. 무엇에 자연스럽게 끌리고, 시간 가는 줄 모르고 몰입하게 되는지를 관찰해보자. 특히 아무도 시키지 않았지만 자발적으로 반복했던 활동에 주목하자. 몰입은 일을 지속하게 만드는 원동력이 된다.

🔍 사례
- 드라마 분석하는 걸 좋아한다 → 스토리 분석, 심리, 콘텐츠 기획과 연결
- 새로운 카페 찾아다니는 게 재밌다 → 공간 감각, 리뷰 작성, 마케팅 흥미
- 친구 고민을 잘 들어준다 → 심리, 상담, 인간관계 관련 직무

✎ 나의 흥미를 탐색하는 3가지 핵심 질문에 대해 생각해 보자. 아무도 시키지 않았는데 반복했던 활동은 무엇인가? 하루 중 시간이 가장 빨리 지나가는 순간은 언제인가? 보상이 없어도 즐겁게 했던 일은 무엇인가?

3) 가치관 탐색: 내가 '중요하게 여기는 것'을 구분하는 법

취업을 준비하면서 많은 사람들은 '어디에 들어갈까?', '무슨 직무가 유망할까?'를 먼저 고민한다. 물론 중요한 질문이다. 하지만 이 질문 전에, 먼저 물어야 할 것이 있다.

"나는 무엇을 중요하게 생각하는가?"

가치관이란 내가 인생에서 중요하게 여기는 것들이다. 그것은 돈일 수도 있고, 안정, 자유, 성취, 성장, 영향력, 관계, 배움, 재미 등 사람마다 다르다.

가치관은 행동과 선택의 뿌리다. 내가 어떤 선택을 할 때 기준이 되는 '내면의 나침반'이다. 어떤 환경에서 일할 때 만족하는지, 어떤 방식의 삶을 원하는지, 무엇을 위해 힘들어도 견디는지를 알려주는 핵심 키워드이다.

어떤 기준으로 대상을 평가하는지, 어떤 상황에서 불편함을 느끼는지 관찰해보자. 나의 가치관은 곧 조직과 직무를 선택하는 데 결정적인 영향을 미친다.

🔍 **사례**

가치	정의(나만의 언어로)	중요도 순위(1~3)
성장	매일 조금씩이라도 나아지고 싶다	1
자율성	나만의 방식으로 일하고 싶다	2
기여	다른 사람에게 긍정적인 영향을 주고 싶다	3

💡 **나의 가치관을 탐색하는 3가지 핵심 질문**

- 어떤 일을 할 때 가장 보람을 느끼는가?
- 나에게 중요한 것이 무너졌다고 느낄 때는 언제였는가?
- 반복해서 불편하거나 억울함을 느꼈던 상황은 어떤 경우였는가?

강점, 흥미, 가치관은 찾는 것이라기보다, 원래 있었던 것을 상기하는 과정이다. 어릴 적부터 내가 좋아했던 것, 무심코 했던 행동들, 소중하게 여겼던 말들 속에 이미 다 있었다. 하루 10분, 핵심 질문들에 대해 꾸준히 답해보자. 친구, 가족, 동료에게 "내가 잘하는 게 뭐라고 생각해?"라고 물어보고, 내가 했던 경험들을 키워드 중심으로 정리해보자.

이 장을 통해 당신이 자신을 더 깊이 이해하고, 당신만의 취업 전략의 방향을 잡을 수 있기를 바란다. 남들이 말하는 좋은 직장보다, '나와 잘 맞는 직장'을 찾는 것. 그게 진짜 성공의 시작이다. 취업의 길은 '나'로부터 시작된다.

나랑 잘 맞는
회사와 직무는 따로 있다

'내가 원하는 일' vs '나에게 맞는 일'

이 두 가지는 비슷해 보이지만, 실제로는 큰 차이가 있다. 많은 취준생들은 '하고 싶은 일'을 좇다가 막상 입사 후에는 "내가 정말 이 일을 잘할 수 있을까?"라는 회의에 빠지곤 한다. 반대로, '잘할 수 있는 일'이라고 생각해서 지원했지만 매일 출근이 고역이 되는 경우도 있다. 결국 중요한 것은 원함과 적합함의 교집합, 즉 나에게 맞는 일을 찾는 것이다.

우리는 종종 주변의 기준, 부모님의 기대, 취업시장의 트렌드에 따라 직무를 선택한다. 하지만 그렇게 선택한 진로는 쉽게 흔들린다. 반대로 자신이 어떤 사람인지, 어떤 환경에서 몰입하며 성장할 수 있는지를 이해하고 선택한 직무는 버티는 힘과 지속 가능성이 생긴다.

1) 직무는 '강점 + 흥미 + 가치관'의 교차점

가장 현실적인 직무 탐색 방식은 다음의 공식을 기억하는 것이다.

✅ 강점(내가 잘하는 것) + 흥미(내가 좋아하는 것) + 가치관(내가 중요하게 여기는 것) = 나에게 맞는 직무

먼저, 강점은 단순한 실력이 아니라 남들보다 자연스럽게 잘 해내는 것으로, 반복해서 맡게 되는 역할, 타인의 피드백, 일 처리 스타일 등을 통해 발견된다. 흥미는 일에 몰입하게 만드는 요소이며, 돈이나 성과보다 그 자체로 흥미로운 일이어야 한다. 마지막으로 가치관은 일을 대하는 태도, 조직과의 관계 방식, 사람들과 협업할 때 중요하게 여기는 기준이며, 조직 선택의 핵심이 된다.

이 공식을 기준으로 나를 분석해보면, 내 경험이 단지 스펙이 아닌, 방향성 있는 이야기로 정리되며 자기소개서, 면접 답변, 포트폴리오의 메시지가 단단해진다.

🔍 사례: A씨의 직무 찾기

A씨는 처음에 단순히 마케팅이 멋져 보여서 그 분야를 준비했다. 하지만 다양한 활동을 돌아보며 자신이 진짜 몰입했던 순간들을 정리한 결과, 사람을 설득하는 것보다는 정보를 정리하고, 새로운 흐름을 기획하는 일에 더 흥미와 강점을 느낀다는 것을 깨달았다. 그 이후 그는 콘텐츠 기획 직무로 방향을 정했고, 서류전형에 합격해 면접장에서도

단순히 "콘텐츠 기획을 하고 싶다"고 말하는 대신, 다음과 같이 이야기했다.

"OO 브랜드의 소비자 리뷰를 정리해보면서, 이 제품이 실제 소비자의 기대를 충족하지 못하는 포인트가 보였습니다. 그걸 개선할 수 있도록 제품 개선 아이디어를 문서로 정리해 본 경험이 있습니다. 이처럼 데이터를 분석해 인사이트를 뽑고, 그것을 통해 기획으로 연결시키는 과정을 계속 해보고 싶습니다."

A씨처럼 단순한 흥미가 아닌, 강점과 흥미, 가치관이 정리된 사람만이 할 수 있는 이야기는 좋은 결과로 이어진다.

항목	내용
강점	정보를 요약하고 정리하는 능력, 문서화, 논리적 구성
흥미	새로운 브랜드를 분석하고 제품에 담긴 전략을 파악하는 것
가치관	체계적인 시스템, 책임이 분명한 구조, 효율을 중시
추천직무	MD, 상품기획, 서비스 기획, 콘텐츠 기획

2) 조직은 나의 '가치관'에서 찾는다

직무는 '무엇을 할 것인가'의 문제이고, 조직은 '어디서, 누구와 할 것인가'의 문제다. 직무가 나와 맞아도 조직 문화가 맞지 않으면 일의 지속 가능성은 낮아진다.

조직 선택은 결국 나의 가치관과 조직 문화의 일치 정도에 달려 있다. 이것은 단기간에 드러나지 않고, 입사 후 "정말 일하기 싫다"는 감정으로 나타난다.

자신의 가치관과 조직 문화가 맞지 않으면, 능력을 발휘할 기회를 얻기도 전에 마음이 닫히고 자존감이 낮아진다. 반대로 조직의 분위기와 문화가 잘 맞으면 약간 부족한 능력도 팀워크와 협업 속에서 충분히 보완된다.

🔍 사례: B씨의 조직 찾기

B씨는 대학 시절, 팀 프로젝트보다 혼자 일할 때 효율이 높아 유연한 조직 문화를 선호한다고 생각했다. 그래서 스타트업에서 인턴을 했지만, 일하면서 자유로운 분위기보다는 명확한 책임과 기준이 있고 체계가 갖춰진 환경을 더 선호한다는 점을 알게 되었다. 그는 인턴 경험 후 방향을 바꿔, 체계적인 시스템으로 운영되는 공공기관과 대기업 계열사를 중심으로 지원했다. 이 선택은 결과적으로 B씨에게 '업무 만족도'와 '정서적 안정감'을 모두 가져다주었다.

좋은 직무를 택해도 조직 문화가 맞지 않으면 오래 버티기 어렵다. 반대로 문화는 맞지만 직무가 맞지 않으면 일에 대한 만족과 성취가 떨어진다. 따라서 취업 전략은 어디든 들어가는 것이 아니라 '나와 맞는 곳을 찾는 것'이어야 한다. 그 출발점은 자기 이해이고, 도착지는 내가 몰입하고 성장할 수 있는 환경이다.

기업 유형별 조직 문화 특징

항목	스타트업	대기업	공공기관
조직 구조	수평적	수평+수직적	수직적
업무 스타일	멀티태스킹, 자율성	전문화, 역할 분담 뚜렷	매뉴얼규정 기반
커리어 성장	빠르고 다양한 경험 습득	체계적인 경력 관리	안정적인 경력 유지
조직 안정성	낮은편	비교적 높은편	매우 높은편
추천 성향	도전적, 빠른 변화 추구	성과지향적, 안정적	공익적 가치 중시, 안정적

스펙이 나를 증명하는 시대는 끝났다. 이제는 나의 이야기와 태도가 나를 설명하는 시대다. 그 출발점은 늘 자기 이해다. 당신 안의 답을 꺼내는 것, 그것이 진짜 취업 준비다.

✎ Action Step: 나만의 진로 나침반 만들기
- 강점·흥미·가치관을 키워드로 정리해본다.
- 교차점에서 관심 직무를 3개 이상 뽑아본다.
- 그 직무에서 일하고 있는 사람들의 인터뷰나 후기유튜브, 브런치 등를 조사한다.
- 내가 가장 몰입할 수 있는 업무 환경을 이미지로 그려본다.
- 잡플래닛, 원티드 등을 활용해 조직 문화를 확인한다.

법칙 2

전공은 '전공'일 뿐, 직무와 연결해야 보인다

홍석환

내 전공으로
뭘 할 수 있을까?

A학생의 고민 상담

　S전자 인사 직무를 지원하려는 경영학과 A군은 최근 면접을 본 친구들의 이야기를 듣고 당혹스럽다. "IT 기업인 만큼 최근 IT 동향 및 전공 용어에 대한 질문이 많았다"며, 그 회사 산업 특성에 맞는 기본 정보에 대해 숙지하라고 한다.
　A군은 하반기 채용을 목표로 지금까지 경영학을 전공한 만큼 일반 경영 관리 직군에는 문제가 없다고 생각했다. 인사 직무에 대한 이해는 부족했지만, 입사하여 배우면 된다는 생각이 강했다. 친구들의 이야기를 듣고 보다 명확한 이해를 하기 위해 취업 센터 담당 교수를 찾아갔다.

A 군 : "교수님, S전자 인사 직무를 수행하고 싶습니다. 친구들은 S전자에 합격하기 위해서는 인공지능, 빅데이터, 클라우드, 사물인터넷, 스마트팩토리, 메타버스, 디지털 뉴딜, ESG 등에 대한 지식이 필요하다고 합니다. 처음 들어보는 용어들이 많은데, 이런 것들 다 알아야 취업되나요?"

B교수: 지원자 입장에서는 불안하고 당황스러울 것입니다. 그렇지만 겁먹을 것 없어요. 아마 회사가 원하는 것은 최근 IT신기술 변화와 기업경영에 대한 사회적 이슈에 대해서 알고 싶은 수준입니다. 본인이 지원한 회사 산업과 직무의 특성을 관련 지어서 간략히 정리해 두면 되지 않을까요? 인사 직무를 지원한다고 했죠?

A 군 : "예, 인사 직무를 지원하려고 합니다."

B교수: 신기술들의 개념은 인터넷에서 검색해 정리하면 되지 않을까요? 중요한 것은 지원하는 인사 분야에 새로운 패러다임과 트렌드, 채용과 평가 등 인사 영역에 사회적 요구가 무엇이며, 기업 인사에 영향을 미치는 요인이 무엇인지 생각을 정리하고 자기소개서 작성과 면접에 임하는 것이 필요하지 않을까요? A군이 인사 직무를 지원한다면, 경영학에 인사관리 과목을 공부했기 때문에 기업 인사가 무엇이며, 어떤 영역이 있으며, 요구되는 역량과 일하는 방식에 대해 어느 정도 지식이 있으리라 생각하는데 맞는지요?

A 군 : 한 학기 교과목을 이수했지만, 구체적으로 교수님의 질문에 답

할 수준이 안됩니다. 솔직히 인사가 무슨 직무인지 정의를 내릴 수 없는 상황입니다.

B교수: A군, 당장 자소서 내용에 전공 관련된 질문이 있고, 면접에서 반드시 인사지식이나 경험을 질문할 것입니다. A군이 기초 지식도 없고, 수행할 업무에 적용하여 지금 보다 개선된 성과를 제시할 경험도 없다면 선발하려는 회사에서 긍정적으로 판단할 수 있을까요?

A 군 : 합격하기 어렵다고 생각합니다.

B교수: 예, 맞아요. 자신의 전공과 지원하는 직무 사이에는 큰 차이가 있습니다. 전공은 폭 넓은 이론으로 일을 하기 위한 큰 그림을 살피는 학문입니다. 하지만, 직무는 일을 통해 성과를 창출해 활동이기 때문에 차이가 존재합니다. 전공과 직무와의 적합성은 중요하지만, 차이가 존재하기 때문에 기업에서는 전공과 직무의 적합성 뿐만 아니라 직무에 임하는 마음가짐과 열정 등의 자세를 살핀답니다.

A 군 : 교수님, 전공 지식뿐만 아니라, 지원 직무를 수행하기 위한 지식과 경험, 더 높은 수준의 직무 전문성을 높이려는 열정을 보이라는 말씀이지요?

B교수: 네, 정확합니다.

A 군 : 조언 감사드립니다.

먼저, 전공과 직무 연계 보다 산업 변화 인식이 우선이다

A군의 고민처럼 요즘 취준생에게 세상은 너무나 빠르게 변한다. 생소한 분야의 다양한 용어들을 이해하고 정리해 설명하기가 쉽지 않다. 몇 년 전에는 4차 산업혁명을 강조하더니, 디지털 시대 AI, ChatGPT 등 새로운 첨단 IT 기술이 국가 전략으로 추진하는 실정이다.

사실 이러한 분야의 각각의 세부사항은 기술직, 연구개발직 등 이공계 지원자는 관심 있게 공부해야 할 부분이다. 그러나 일반 경영관리직군이나 영역직군에서는 위와 같은 신기술 개념의 이해, 지원할 직무와 연결시켜 활용 방안 수준을 고민해보는 정도면 충분할 것이다.

예를 들면, A기업이 2025년 상반기 공채 자기소개서 질문을 살펴보면 쉽게 이해가 될 것이다. '**DT 시대 상황에 선제적으로 대응하기 위해, 우리 회사에 필요한 경쟁력 강화 전략은 무엇인지, 직무 분야와 연계하여 기술해 주세요.**'

위의 질문에서 볼 수 있듯이 기업은 신기술을 적용해서 수익구조를 바꾸거나 새로운 사업모델개발을 고민하고 있다. 입사지원자들의 평소 생각과 아이디어를 확인해 보고, 이를 통해 직무수행 방식이나 업무시스템개선은 물론 새로운 비즈니스 모형을 알아보고자 한다. 지원자들은 자신이 지원하고자 하는 직무를 철저히 분석한 후, 신기술 접목이나 융복합화를 통해 창출 가능한 아이디어를 제시하면 좋다.

전공과 직무의 연계에서 가장 먼저, 글로벌 시장의 큰 변화의 흐름을 이해하고 본인 희망 직무에 신기술을 적용해 업무프로세스 개선과 회사 이익에 기여할 수 있는 방법을 찾는 노력을 제시하면 좋은 결과를 낳을 것이다.

전공과 직무 선택의 2×2 시나리오

전공과 직무 선택은 크게 2가지 상황을 살필 수 있다. 첫째, 수행하고자 하는 직무와 전공의 적합성이 매우 높은 경우이다. 예를 들어 이공계 전자 공학 전공이 전자 회사의 엔지니어 부서에 지원하는 경우이다. 경영학을 전공한 지원자가 경영관리직무를 선택하고, 교육 공학을 전공한 지원자가 인재육성 직무를 지원한 경우이다.

담당 직무와 전공의 적합성이 높으면 회사가 판단하는 입사지원서와 면접에서 지원자의 직무 역량 수준을 살필 수 있는 상황은 2가지이다.

- **전공과 직무의 이해도가 높을 때:** 지원자의 전공에 대한 학점, 자격 취득, 직무 관련 경험, 직무 기술서 등을 살피며 전공 수준과 직무에 대한 지식과 경험 수준이 높으면 선택의 폭은 매우 넓어진다. 전공과 직무 이해도가 높기 때문에 보다 선호하는 좋은 회사를 지원할 수 있다. 지방 대학 출신의 지원자라면, 직무 이해도가 높기 때문에 공기업에 지원하는 것이 유리하다.
- **전공과 직무의 이해도가 낮을 때:** 전공과 직무의 적합성은 높지만, 자신의 전공과 직무에 대한 이해도가 낮은 경우이다. 학점이 매우 낮거나, 전공과 직무 관련 지식, 경험이 없는 경우이다. 자격증도 없고 전공을 했지만, 이를 통해 어필할 수 있는 강점이 부족한 상황이다. 이 경우에는 전공과 직

무 관련, 핵심 프로세스와 내용 중심의 30개 정도 예상 질문에 대한 답변을 만들어 외우는 수밖에 없다.

둘째, 전공과 직무의 낮은 적합성이다. 자신의 전공이 지원하는 직무와 관련이 떨어지는 상황, 이공 전공을 하였지만 경영관리직무를 지원하는 경우 등이다. 전공과 직무와 관련성이 없기 때문에 선발하는 회사 입장에서는 전공을 무시하고, 직무에 대한 지식과 경험을 살필 수밖에 없다. 이 경우에도 2가지 상황을 살필 수 있다.

- **직무에 대한 역량 수준이 높을 때**: 직무에 대한 지식, 경험, 직무 자격증 취득 등 직무 역량이 높은 경우이다. 민간 기업의 영업직 또는 생산직의 경우, 전공 무관하게 직무 관련 지원자의 선호와 직무 역량을 보고 선발하는 경우가 있다. 현행 공기업이나 국가 기관은 직무 중심의 블라인드 채용이기 때문에 직무에 대한 역량 수준이 높으면 보다 유리하다.
- **직무에 대한 역량 수준이 낮을 때**: 전공과 직무가 적합성이 떨어지고, 직무에 대한 지식, 경험도 없고 자격증도 없는 경우에는 선택의 폭이 매우 좁다. 당장이라면 부가가치가 낮은 직무를 살필 수밖에 없다. 보다 바람직한 취업을 원한다면, 1년 정도 악착같이 직무에 대한 지식과 경험을 쌓는 것을 추천하고 싶다. 1년 동안 해당 직무를 수행하기 위한 절박한 심정의 스토리를 담아 자소서와 면접에 임하는 것이 입사할 가능성이 높다.

JD(직무기술서)를 읽는 눈을 기르자

직무의 이해

채용은 사람 중심 공채에서 직무 중심 수시채용으로 전환하면서, 기업은 필요한 부서와 직무에 따라 수시로 인재를 모집한다. 원하는 직무를 제대로 수행할 수 있는 능력, 즉 '직무역량'을 갖춘 인재를 원한다. 실제 기업 채용 현장에서 수시 채용이 되면서, 가장 중요하게 평가하는 요소는 인턴 등 실무경험, 전공, 자격증 등 직무 관련성이다. 면접에서도 역시 직무 수행 능력을 가장 높은 비중으로 다룬다.

NCS국가직무능력표준, National Competency Standards는 산업 현장의 직무를 수행하기 위해 필요한 능력지식, 기술, 태도을 국가적 차원에서 표준화하고 있다. 산업별로 수행되고 있는 직무를 대-중-소와 같이 분류하고 코드 체계를 적용하고 있다. 직무의 체계 구축 기준은 '대분류 구분 24개 → 중분류 구분 81개 → 소분류 구분 273개 → 세분류 1,100개로 단계적으로 체계화한 것이라고 이해하면 된다.

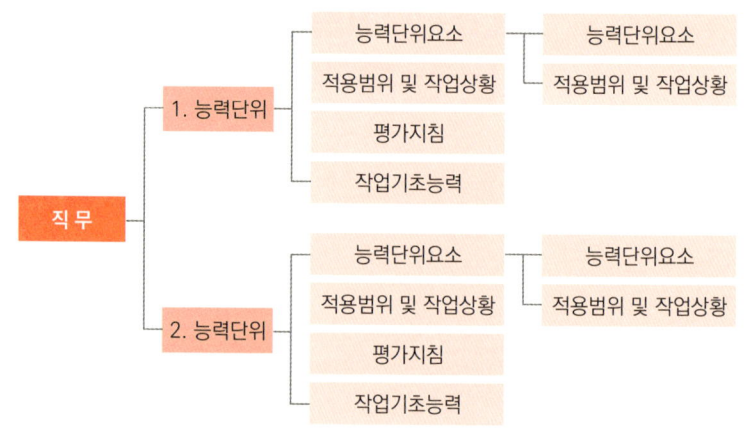

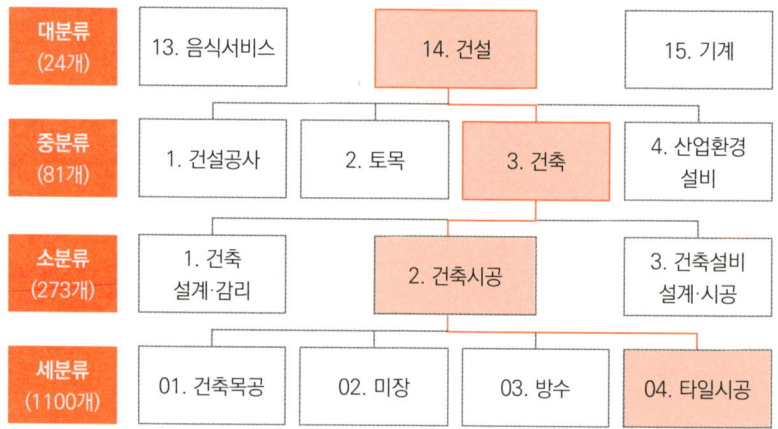

NCS 분류체계
체계적인 NCS개발을 위해 산업 현장 전문가의 직종구조 분석 결과를 반영하기 위하여 산업현장 직무를 한국고용직업분류(KECO)에 부합하게 분류

NCS에서는 산업현장에서 수행되는 직무의 중요도와 난이도를 기준으로 8단계의 수준별 개념을 제시하고 있다.

수준	항목	내용
8수준	정의	해당분야에 대한 최고도의 이론 및 지식을 활용하여 새로온 이론을 창조할 수 있고, 최고도의 숙련으로 공범위 한 기술적 작업을 수행함 수 있으며 조직 및 업무
	지식기술	해양분야에 대한 최고도의 이론 및 지식을 활용하여 새로운 이론을 창조할 수 없는 수준
		최고도의 숙련으로 중범위한 기술적 작업을 수행할 수 있는 수준
	역량	조직 및 없무 전반에 대한 권한과 책임이 부여된 수준
	경력	수준7에서 2~4년 정도의 계속 업무 후 도달 가능한 수준
7수준	정의	해양분야의 전문화된 이론 및 지식을 활용하여, 고도의 숙련으로 광범위한 작업을 수행할 수 있으며 타인의 길과에 대하여 의무와 책임이 필요한 수준
	지식기술	해당분야의 전문화된 이론 및 지식을 활용할 수 있으며, 근접분야의 이론 및 지식을 사용할 수 있는 수준
		고도의 숙련으로 광범위한 작업을 수행할 수 있는 수준
	역량	타엔의 결과에 대하여 의무와 척험이 필요한 수준
	경력	수준6에서 24년 정도의 계숙 업무 후 도달 가농한 수준
6수준	정의	독립적인 권한 내에서 해당분야의 이론 및 지식을 자유롭게 활용하고, 일반적인 숙련으로 다양한 과업을 수행하고, 타인에게 해당분야의 지식 및 노하우를 전달할 수 있는 수준
	지식기술	해당분야의 이론 및 지식을 자유롭게 활용할 수 있는 수준
		일반적인 숙련으로 다영한 과업을 수행할 수 있는 수준
	역량	타인의 결과에 대하여 의무와 책임이 필요한 수준
		독립적인 권한 내에서 과업을 수행할 수 있는 수준
	경력	수준5에서 1~3년 정도의 계속 업무 후 도달 가능한 수준

수준	항목	내용
5수준	정의	포괄적인 권한 내에서 해당분야의 이론 및 지식을 사용하여 매우 복잡하고 비일상적인 과업을 수행하고, 타인에게 해당분야의 지식을 전달할 수 있는 수준
	지식기술	해당분야의 이론 및 지식을 자유롭게 사용할 수 있는 수준
		매우 복잡하고 비일상적인 과업을 수행할 수 있는 수준
	역량	타인에게 해당분야의 지식을 전달할 수 있는 수준
		매우 복잡하고 비일상적인 과업을 수행할 수 있는 수준
	경력	수준4에서 1~3년 정도의 계속 업무 후 도달 가능한 수준
4수준	정의	일반적인 권한 내에서 해당분야의 이론 및 지식을 제한적으로 사용하여 복잡하고 다양한 과업을 수행 하는 수준
	지식기술	해당분야의 이론 및 지식을 제한적으로 사용할 수 있는 수준
		복잡하고 다양한 과업을 수행할 수 있는 수준
	역량	일반적인 권한 내에서 과업을 수행할 수 있는 수준
	경력	수준3에서 1~4년 정도의 계속 업무 후 도달 가능한 수준
3수준	정의	제한된 권한 내에서 해당분야의 기초이론 및 일반 지식을 사용하여 다소 복잡한 과업을 수행하는 수준
	지식기술	해당분야의 기초이론 및 일반 지식을 사용할 수 있는 수준
		다소 복잡한 과업을 수행하는 수준
	역량	제한된 권한 내에서 과업을 수행하는 수준
	경력	수준2에서 1~3년 정도의 계속 업무 후 도달 가능한 수준
2수준	정의	일반적인 지시 및 감독 하에 해당분야의 일반 지식을 사용하여 절차화되고 일상적인 과업을 수행하는 수준
	지식기술	해당분야의 일반 지식을 사용할 수 있는 수준
		절차화되고 일상적인 과업을 수행할 수 있는 수준
	역량	일반적인 지시 및 감독 하에 과업을 수행할 수 있는 수준
	경력	수준1에서 6~12개월 정도의 계속 업무 후 도달 가능한 수준
1수준	정의	구체적인 지시 및 철저한 감독 하에 문자이해, 계산능력 등 기초적인 일반 지식을 사용하여 단순하고 반복적인 과업을 수행하는 수준
	지식기술	문자이해, 계산능력 등 기초적인 일반 지식을 사용할 수 있는 수준
		단순하고 반복적인 과업을 수행할 수 있는 수준
	역량	구체적인 지시 및 철저한 감독 하여 과업을 수행하는 수준

JD(Job Description, 직무 기술서)란?

JD는 직무에 대한 역할, 책임, 요구되는 자격 조건을 상세히 기술한 문서이다. 자신이 지원하는 직무를 명확하게 아는 것은 매우 필요하다. 물론 기술되는 직무가 대분류, 중분류 여부에 따라 직무가 담고 있는 내용이 다르다. HR 직무를 기술한 내용과 평가 또는 보상 직무를 작성한 내용은 다르다. 그러므로 직무를 수행할 지원자가 직무를 정확하게 이해하고 해석하는 것이 중요하다. 그다음 그 직무를 수행하여 성과를 낼 수 있는 적합한 지원자인가 판단해야 한다.

직무 기술서 분석은 단순히 직무를 수행하는 데 필요한 요구 사항을 확인하는 것을 뛰어넘어야 한다. 자신이 그 직무에 적합한 후보자인지 판단하고, 지원한다면 확실하게 준비하는 과정이다.

직무 기술서의 양식은 각 회사의 필요에 따라 달라질 수 있다. NCS에서는 통상 다음과 같이 구성되어 있다.

- **직무 기본 정보**: 직무명, 능력 단위, 직무 목적, 직무 기술서 개발 일자 및 기관 등을 명시하고 있다.
- **주요 업무 및 책임과 역할**: 직무를 수행하기 위한 주요 업무 단계와 단계별 역할과 책임을 기술하고 있다. 어떤 일들이 수행될지, 그리고 그 일들이 회사의 목표와 어떻게 연결되는지, 직무를 수행하면서 고려해야 할 점 등을 파악하는 것이 중요하다.
- **직무 수행 요건**: 직무 수행에 필요한 지식, 기술, 경험 등을 기술하고 있다.

어떤 기술이나 경험이 나의 전공과 일치하는지, 추가적으로 어떤 기술을 더 갖추어야 할지 파악할 수 있다.

- **기타 요구 사항:** 예를 들어, 특정 소프트웨어를 다룰 수 있어야 한다거나, 커뮤니케이션 능력, 팀워크 등이 필요하다는 항목들을 파악한다.

CS 직무 기술서('인사평가' 능력단위에 대한 직무기술서) 예시

☐ 직무 기본 정보

직무	인사	능력단위분류번호	0202020105_13v1
		능력단위	인사평가
직무 목적	조직의 성과 향상과 조직구성원의 역량 개발을 지원하기 위하여 역량평가지침 수립, 목표설정, 평가교육, 인사평가 등을 수행할 수 있다.		
개발 날짜	2013.11.30	개발기관	한국HRM협회

☐ 주요업무 및 역할

주요 업무	책임 및 역할
평가 계획 수립하기	• 조직구성원에 대한 공정한 평가를 위해 인사부서 내부에서 기존 평가제도를 검토한다. • 내부에서 검토된 평가 제도를 기준으로 조직구성원의 의견을 반영한다. • 수렴된 의견을 검토하여 역량향상과 성과측정을 위한 평가 제도를 수립한다. • 수립된 평가제도를 기반으로 당해연도 평가계획을 작성한다.
목표 설정하기	• 설정된 부서 목표를 달성하기 위하여 조직 구성원이 주요 성과지표를 이해하도록 교육을 실시한다. • 조직구성원이 설정된 주요 성과지표에 따라 자신의 목표를 설정할 수 있도록 지원한다. • 조직구성원이 작성한 내용을 수립하여 개인별 최종 목표를 확정할 수 있다.

평가 교육하기	• 평가 방법에 따라 조직과 개인의 목표 수준을 평가하는 가이드라인을 설정한다. • 평가자와 피 평가자의 합리적인 목표배분, 평가오류를 줄이기 위해 면담기법에 대한 교육을 실시한다. • 평가자를 대상으로 평가제도, 평가오류 유형, 평가일정, 프로세스 등 평가교육을 실시한다. • 피 평가자를 대상으로 평가제도, 평가일정, 프로세스 등 평가교육을 실시한다.
인사평가 시행하기	• 평가 계획에 따라 평가 일정을 공지하여 평가를 시행한다. • 시행된 평가 결과의 공정성 확보를 위하여 평가오류를 검토한다. • 평가결과를 조직구성원에게 공개하여 이의 제기 절차를 거쳐 최종등급을 확정한다. • 평가이력을 관리하기 위하여 확정된 평가결과를 평가관리 시스템에 등록한다.

☐ 직무수행 요건

구분	상세내용
지식	• 면담기법 • 빈치마킹 방법 • DCDevelopment Center 운영법 • ACAssessment Center 운영법 • 전자인적자원관리시스템e-HR system • 평가방법론 • 면담기법 • 평가제도

직무 기술서 해석 어떻게 할 것인가?

직무 기술서를 해석하고 활용하기 위해서는, 먼저 주요 업무 프로세스가 어떻게 진행되는지를 파악해야 한다. 각 단계별 책임과 역할이 무엇인가를 보며 중요한 키워드를 추출하고, 직무에서 어떻게 활용되는지 구체적으로 분석해야 한다. 나아가 자신이 충족하는 부분과 부족한 부분을 비교하며, 스스로 부족한 부분을 인식하고 이를 보완하기 위한 계획을 세우면 된다.

좀 더 구체적인 방법은 다음과 같다. 앞의 인사평가 담당자 직무의 직무 기술서를 분석하고, 이 직무가 요구하는 역량과 자신이 갖추고 있는 능력을 비교해 보자.

첫째, 직무 기술서 해석이다. 직무 기술서를 통해 중요 업무 프로세스를 충분히 인지한다. 업무 프로세스가 이해되지 않는다면, 보다 세부 자료를 구하거나, 직무 담당자 또는 전문가를 통해 구체적인 설명을 들어야 한다. 단계별 책임과 역할에서 수행되는 활동이 직무를 효율적이고 효과적으로 수행할 수 있는가를 판단한다. 단계별 핵심 과업이 무엇인가 파악한다. 보다 효과적인 방법이 있으면 기록한다.

둘째, 자신과 직무의 정합성 맞추기다. 직무 기술서 해석을 통해 직무의 단계와 핵심 활동을 자신의 지식, 경험, 태도와 매칭하는 것이다. 직무 기술서에서 요구하는 내용에 자신이 적합한지 여부를 판단하여야 한다. 부족한 부분이 있다면 무엇을 어떻게 할 것인가 고심하고 추진하면 된다.

셋째, 행동 계획 세우기다. 이를 보완할 수 있는 실천 계획을 세우는 것이다. 예를 들어, 직무 기술서에서 요구하는 '성과 지표 설정' 지식과 경험이 부족하다면, 이를 위한 교육을 듣거나 경험을 쌓는 방법을 세우는 것이다.

넷째, 직무 기술서의 활용이다. 직무 기술서 해석을 통해 얻은 내용을 바탕으로 자신의 경력 기술서를 작성하면, 입사지원서와 면접 준비에 큰 도움이 될 것이다.

🔍 사례. 경력기술서 작성에의 활용

주요업무	평가 계획 수립	• 역할: 기존 평가제도와 구성원의 욕구를 반영하여 당해년도 평가제도 기획 및 운영 • 성과: 구성원 평가 만족도 전년 대비 50% 상승
	목표 수립 및 과정 관리	• 역할: 조직 및 개인 KPI 도출 및 관리 • 성과: KPI 수립 100% 달성, 실행률 95%
	평가자 교육 및 공정성 확보	• 역할: 조직장 대상 평가자 교육 실시 및 평가 공정성 확보 • 성과: 참여율 100%, 공정성 45% 향상
주요 성과	• 회사 최초 자체 평가 제도 수립 및 성공적 운영 • 평가 시스템 구축 및 공정성 확보	
습득 내용	• 평가 시스템 구축 및 활용 기법 습득 • 의사소통 능력 및 협상 기술 향상 • 평가 전반의 처리 프로세스에 대한 실무 이해	

산업별 직무 비교와
'나랑 잘 맞는 일' 찾기

산업의 특성이 다르면 직무도 달라진다

첫 회사에서 산업이 완전히 다른 화학 회사로 옮겼다. 같은 직무를 수행했기 때문에 일하는 데에는 어려움이 없을 것이라 생각했다. 옮기고 몇칠 되지 않아 엄청난 착각임을 깨닫게 되었다. 화학 용어, 회사 속성을 알지 못해 무슨 말을 하는지 알아들을 수가 없었다.

조기 전력화의 기간이 상당히 소요되었다. 이 일이 있고 난 후, 자신이 하는 일에서 성과를 내고 성장하려면, 우선, 자신이 속한 산업과 회사에 대해 명확히 알라고 강조한다. 크게 보면 8가지이다.

- 산업의 본질이 무엇인가?
- 제품과 서비스의 밸류 체인, 체인별 핵심이 무엇인가?
- 현재와 미래 비전과 전략, 중점과제, 핵심가치가 무엇인가?
- 5개년 정도의 재무 현황

- 조직 구조와 조직별 역할과 책임
- 인력 구조와 성숙도 정도
- 시장과 경쟁사 동향
- 고객 욕구의 변화와 당사에 대한 기대 수준까지, 이 8가지 정도는 설명할 수 있어야 한다.

각 산업은 고유한 특성을 가지고 있으며, 그에 맞는 직무가 존재한다. 제조업은 생산과 품질 관리 중심의 직무가 있고, IT 산업은 기술적 직무와 개발 중심의 직무가 많다. 명심해야 할 점은 산업이 다르면, 수행하는 직무가 같더라도 엄청난 차이가 존재한다. 제조 회사는 제품 생산에 초점을 두고 있다.

생산과 품질, 자동화, 납기 등을 통한 값싼 제품을 대량으로 신속하고 균등하게 생산해 내는 것이 관건이다. IT 산업은 개발에 초점을 두고 있다. 개발 아이템의 독창성, 선도성, 개발 완성도, 개발자의 역량, 개발 기간 등을 통한 선도적 제품 출시가 관건이다. 제조회사와 IT 회사의 HR은 같을까?

HR인사 직종에는 직급 체계, 조직, 채용, 평가, 보상, 승진, 이동, 육성, 문화, 노사, 퇴직 등 여러 직무가 있다. 채용 직무에 대한 직무기술서가 모든 회사에 공히 동일하게 적용될까?

기업 규모, 업의 특성, 현업 조직의 욕구에 따라 채용하고 싶은 직원의 지식, 경험, 태도는 다르다. 산업의 특성에 따라 다르지만, 기업의 형태에 따라서도 매우 큰 차이가 있다. 대기업 생산직에 맞는 채용이 있고, 중소기업 생산직에 맞는 채용이 있다. A회사에서 채용에 성공했다고 우리 회사에서 그 채용 제도를 그대로 도입하면 어떻게 될까? 우리 산업과 회사의 실정에 맞는 우리만의 제도 설계와 일하는 방식을 가져가는 것이 옳다.

산업과 직무 적합도 비교

화학 회사를 지원한다고 가정하자. 화학 회사의 산업 특성은 무엇일까? 화학 산업은 석유제품Naphtha 또는 천연가스를 원료로 합성수지플라스틱, 합성섬유Polyester, Nylon 원료, 합성고무 및 각종 기초 화학제품을 생산하는 산업이다. 이러한 산업의 특징은 첫째, 자동차, 전자, 건설, 섬유 등 주력 산업에 소재를 공급하는 핵심 기간산업. 둘째, 대규모 설비투자가 소요되는 자본 및 기술집약형 장치산업. 셋째, 높은 부가가치를 창출하는 산업. 넷째, 유가 변동과 경기변동에 밀접한 산업이다. 이러한 산업의 특징을 통해 직무의 속성을 찾으면 무엇을 예측할 수 있을까?

- 주력 산업의 핵심 기간 산업으로 직무에 대한 강한 로열티가 요구된다.
- 단기 초기 투자 비용이 큰 만큼 진입 시장이 두터워 안정적 직무 성향이 강하다.
- 설비 중심의 계열 공장들이 수직 계열화 되어 있어, 공장 간 직무의 유사성이 높다.
- 규모의 경제로 시설 비중이 크고, 사람의 영향력은 적다.

- 고도의 기술집약적 산업으로 직무 기술 의존도가 높다.
- 유가 변동, 세계 경기에 민감한 만큼 공장을 제외한 직무의 환경 민감도가 높다.

화학 산업의 직무 특성은 시설 투자 중심의 생산 기술 직무가 매우 중요하며, 엔지니어와 생산 현장 종사자 간 필요한 전공과 직무 적합성이 매우 중요하다. 또한, 환율과 세계 화학 제품의 원료, 제품 단가가 민감한 만큼 원료 수급, 금융 예측 및 투자 직무의 비중이 높다. 장치 산업의 특성상, 안정지향적 경향이 강하다.

IT기업의 특성은 매우 변화 지향적이며, 외부 신속한 적응을 필요로 한다. 직무 역시 안정 추구 보다는 신속한 변화 속에 선제적 조치를 취할 수 있도록 기획과 운영을 해야만 한다. 반면, 장치 산업 중심의 생산 회사의 특성은 안정지향적이다. 같은 직무를 수행하더라도 안정 기반의 팀워크를 강화하고, 집단 성과를 이끌어 내도록 기획, 운영해야 한다.

산업과 자신에 대한 분석이 중요하다

대부분 취준생은 직군을 선택할 때에는 심각한 고민을 한다. 직군은 크게 보면 연구 개발직, 영업직, 생산직, 경영관리직이다. 자신의 성격, 관심사, 전공을 바탕으로 어떤 직군을 선택할 것인가 어느 정도는 확정되어 있다. 자신이 적합하여 지원할 수 있는 직군, 지원 자체가 안되는 직군이 있다. 크게 분석도 하지 않는다. 이 보다는 직군 내 담당해야 할 직무에 대해 고민한다.

경영학을 전공했어도 창의적인 성향을 가진 사람은 마케팅, 광고, 기획 직무에 적합할 수 있다. 분석적 성향을 가진 사람은 금융, 평가, 연구개발 등 분석 중심의 직무에 적합하다. 도전적이고 적극적 실행력이 뛰어난 성향을 가진 사람은 영업, 신사업, 교육 운영 등 현장 직무에 더 적합할 것이다.

산업에 따라 요구되는 역량과 경험, 자신의 성격과 전공을 크게 고민하지 않는 경향이 있다. 직무 자체만을 중시하고, 산업이 직무에 미치는 영향을 간과하는 경우가 많다. 앞에서 기술했듯이, 산업이 다르면 수행하는 직무도 매우 다르다. 각 산업별로 요구하는 역량을 분석하고, 자신의 경험과 역량을 어떻게 매칭할 것인가 깊게 살피고 분석하여 결정해야 한다.

금융 산업에서는 분석 능력과 금융 지식이 중요하며, 마케팅이나 영업 산업에서는 고객 이해와 추진력이 중요한 요소이다. 같은 직무라도, 자신이 성격이 내성적이며, 침착하고 분석하여 논리적으로 주장을 펼치며 좀 더 안정적인 분위기에서 일하기를 원한다면, 제조업 중심의 장치 산업에서 근무하는 것이 인정받을 가능성이 높다. 반대로 매우 도전적이며 진취적이고, 창의성이 뛰어나 실행력이 강한 성격이라면, 영업 주도의 젊은 성장 산업에서 근무하는 것이 성과를 올릴 가능성이 높다.

자신이 선택한 산업이 어디 지역에 위치하고 있는 가도 직무 선택에서 중요한 요소이다. 우리나라의 경우, 산업이 특정 지역에 집약되어 있는 경향이 있다. 화학 회사의 경우, 울산, 여수, 대산에 대규모 산업

단지가 조성되어 있다.

  엔지니어와 생산직은 생산 현장에 근무하는 경우, 그 지역을 벗어나기가 쉽지 않다. A회사의 생산 공장은 여수에 있다. 30년 동안 서울에서 태어나 교육받고 입사 후 배치된 곳이 여수라면 힘들어하며 가장 바라는 것은 무엇이겠는가? 산업 특성 뿐 아니라 산업에 대한 폭 넓은 정보를 취득하여, 자신의 성격, 전공, 직무 역량에 맞는 직무를 선택한다면, 더 나은 직무 수행과 성과를 낼 수 있다.

  자신이 잘할 수 있는 좋아하는 직무를 선택하는 것이 가장 현명하다. 고려해야 할 요소는 많다. 산업, 직무, 자신의 역량이라는 세 요소가 조화를 이룰때, 일과 직장에 대한 자부심도 높아질 것이며, 정체되지 않고 지속적으로 성장할 수 있을 것이다. 그 과정이 즐겁기 때문에 당연히 높은 성과도 창출된다고 본다.

법칙
3

경력이 되는 경험을 전략적으로 쌓아라

지은구

'경력개발'이라는 용어는 원래 HR 분야에서 인재육성을 위한 하나의 방법론으로 사용된다. 인재를 키우기 위한 방법에는 교육, 성과관리, 조직개발 등 다양한 방식이 있지만, '경력개발'은 그중에서도 개인의 성장을 가장 강력하게 이끄는 동시에, 시간과 노력이 많이 드는 고난도의 방법론이다.

그래서 대부분의 조직에서는 리더나 경영자를 육성할 때 직무 순환, 프로젝트 리더 경험 등 기존의 일상 업무 외에 새로운 역할과 과제를 부여해 그 경험을 통해 성장을 유도하려 한다.

그렇다면 말그대로 경력자들에게 해당되는 '경력개발'이란 개념을 왜 취업준비생의 전략 수립, 취업 가이드 이야기에서 꺼내들었을까?

그 이유는 간단하다. 기업이 리더나 경영자를 뽑을 때, 단순히 말이나 포부만 보는 것이 아니라 '실제로 다양한 경험을 해보았는가', '그 경험을 통해 성과를 냈는가'를 기준으로 평가하듯, 신입사원을 뽑을 때에도 마찬가지라는 것이다. 신입사원에게 요구되는 수준은 다르겠지만, 그 역할에 맞는 '준비된 경험'을 통해 성장 가능성과 실질 역량을 보려 한다.

결국 채용전형상의 핵심 질문은 "그 경험을 통해 무엇을 배웠고, 어떻게 성장했는가?"이다. 따라서 우리는 이제 '스펙 쌓기'라는 외형적 준비보다, 나의 직무와 관련된 '의도 있는 경험 설계'를 먼저 생각해야 한다.

이번 장에서는 취업 준비생들이 공통적으로 겪는 현실적 고민들, 경험이 부족한데 무엇을 준비해야 할지 모르겠는 상황속에서, 어떻게 하면 '나에게 필요한 경험을 쌓아 경력으로 만들어 나갈 수 있을지, 그 방법을 함께 모색해보고자 한다.

공모전, 자격증 보다 중요한 인턴십, 아르바이트를 통한 조직경험

취업을 준비하는 이들이 반드시 먼저 인식해야 할 핵심 개념은 '내가 맞서야 할 상대가 존재한다'는 사실이다. 흔히 좋은 성적을 얻기 위해 '자신과의 싸움에서 이겨야 한다'고 말하지만, 실제로는 시험 출제자라는 상대와 마주해야 한다는 점을 간과해서는 안 된다. 그리고 이 '상대'라는 개념은 사회로 진입할수록 더욱 분명해진다. 물건을 파는 사람과 사는 사람, 고용하는 사람과 고용되는 사람, 평가자와 피평가자, 설득하려는 사람과 그 상대방 등 삶의 전반에서 '상대와의 관계'는 피할 수 없는 구조로 나타나기 때문이다.

그렇다면 이러한 상황에서 내 의도와 목적을 실현하기 위해 가장 먼저 해야 할 일은 무엇일까? 그것은 바로 『손자병법』에서 말하는 지피지기知彼知己, 백전백승百戰百勝이다. 시험 응시자는 출제자의 의도를 파악하고, 어떤 유형의 문제를 왜 출제했는지를 분석해 대비해야 한다. 이처럼 상대방을 이해하고, 나 자신을 정확히 아는 것이야말로 경쟁에서 앞설 수 있는 가장 확실한 방법이다.

학창 시절에는 대개 동일한 교과서와 시험지를 기반으로 학습했기에, 출제자의 의도를 분석한 문제집이나 기출문제만으로도 충분한 준비가 가능했다. 그러나 취업 시장은 전혀 다르다. 수만 개의 기업과 수백 가지의 직무가 존재하며, 이에 대한 공통된 기준이나 정답은 없다.

하지만 마케팅 이론에서처럼 '물건을 파는 사람과 사는 사람'의 구조를 적용해 보면, 취업준비생은 '제품을 파는 사람'이고, 채용 담당자는 '구매를 결정하는 사람'으로 비유할 수 있다. 마케팅의 출발은 항상 '고객'이다. 고객의 니즈와 성향을 깊이 있게 이해하고, 그에 적합한 제품과 전략을 설계하는 기업만이 성공할 수 있다.

필자는 오랜 기간 수많은 취업준비생을 만나면서 한 가지 공통된 모습을 발견했다. 많은 이들이 자신의 스펙, 자소서, 면접 팁을 얻기 위해 부단히 노력하지만, 정작 채용 전형의 평가자에 대한 연구는 매우 부족하다는 점이다.

물론 업종과 직군에 따라 차이는 있지만, 대부분의 채용 평가자는 다음과 같은 공통점을 갖고 있다. 우선, 조직 내에서 채용 의사결정 권한을 부여받을 만큼 성과가 입증된 인물이며, 해당 산업과 기업에 대한 충성도와 책임감이 높다. 또한 논리적이고 객관적인 판단이 가능하며, 신입사원과의 협업 경험이 풍부하다.

그렇다면 이들이 소속된 조직은 어떤 신입사원을 선호할까? 과거에는 단순히 학교, 학점, 영어 점수, 자격증만으로도 채용 결정을 내릴 수 있었지만, 지금은 그렇지 않다. 신입사원의 조기 퇴사율이 높아졌고, 직무 환경의 변화도 빠르게 진행되고 있기 때문이다. 이에 따라 기업은 직무 역량뿐 아니라 조직 적응력, 스트레스 내성 등 인성 역량까지 함께 평가하게 되었다.

다양한 적성검사나 면접 방식이 도입되고 있지만, 결국 채용자가 가장 신뢰하는 것은 '실제 데이터', 즉 경험을 통해 증명된 역량이다. 특히 지원 직무와 관련된 실무 경험, 팀 프로젝트, 협업, 역할 수행 경험은 강력한 신뢰의 근거가 된다. 이는 단순히 높은 학점이나 해외 경험, 자격증보다 앞으로 일하게 될 환경과 유사한 현실적인 조직 경험이 더 높은 평가를 받는 이유이기도 하다.

실제로 신입사원의 조기 퇴사 주요 원인 중 하나는 조직 적응의 어려움이다. 대학 시절 팀 과제, 과모임, 학생회, 동아리 등 조직활동을 해봤다고 해도, 실제 업무 환경은 훨씬 복잡하다. 팀장, 파트장, 선배 등 다양한 상하관계, 승인체계, 이해관계부서, 고객 응대, 갈등 조율과 조직문화 적응 등은 입사 후 처음 마주하게 되는 낯선 구조 때문이다.

반면, 일정 규모 이상의 조직에서 여러부서의 구성원들과 6개월 이상 조직 내에서 꾸준히 근무한 아르바이트 경험이 있는 사람은 대인관계 능력, 조직 적응력, 스트레스 내성에서 분명한 강점을 보인다. 이런 경험은 평가자에게 '이 사람은 우리가 일하는 비슷한 환경에서 일정기간이상 적응하며 일해왔으니, 적응못해서 헤매지 않고, 우리와 함께 일할 준비가 되어 있다'는 데이터를 기반으로한 조직 적응력부분을 높게 평가하는 것이 가능하다.

필자가 취업특강에서 많은 취준생들을 만날 때 공통적으로 하는 시작질문이 있다. "당신이 사장이라면 어떤 신입사원을 뽑겠는가? 대부분 지체없이 나오는 대답들은 '오래 다닐 사람', '책임감 있는 사람', '성실한 사람', '눈치 빠른 사람' 등이다. 이는 기술적 능력보다도 인성과 태도가 우선되는 기준이다. 학생들 스스로도 본인의 세대 특성과 기업이 원하는 인재상에 대해 어느 정도 인식하고 있다는 증거이다.

이처럼 취업을 준비할 때는 '직무 역량 중심'과 '인성 역량 중심'이라는 두 가지 트랙을 함께 설계하는 것이 바람직하다. 직무 역량은 인턴십, 공모전, 전공 프로젝트, 과제 수행, 멘토링 등을 통해 쌓을 수 있다. 물론 직접 업무를 경험해보는 것이 가장 좋지만, 그것 자체가 '취업'이기 때문에 결코 쉽지 않다.

그래서 많은 학생들이 허들이 낮은 중소기업이나 단기계약직, 혹은 협업 형태의 업무 관찰 기회를 통해 '실제 업무에 가까운 경험'을 확보하는 전략을 택한다. 이는 실제 대기업 공채 준비에서 상당히 효과적인 전략으로 입증되었다.

최근에는 '약간의 경험이 있는 신입', 즉 '중고신입' 중심으로 채용이 이뤄지는 흐름도 뚜렷해지고 있다. 물론 실무 경험이 없다고 해서 취업이 불가능한 것은 아니다. 여전히 많은 기업들은 졸업 예정자 중심으로 신입을 채용하는 비율이 더 높기에 졸업을 유예하면서 취업을 준비하는 학생들을 많이 볼 수 있는 것 또한 현실인데 핵심은 가능한 조직과 직무에 유관 경험을 쌓아보는 것이며, 공모전이나 자격증만을 최우선순위의 경험으로 설정하는 것을 이제는 지양해야 할 필요가 있다.

기업은 무엇보다도 '우리 회사와 이 직무에 대해 얼마나 진지한 관심을 갖고 있는가'를 본다. 이는 자소서 한 줄, 면접 한 마디에서도 충분히 감지된다.

중요한 것은 '무엇을 했는가'보다 '어떻게 참여했는가'이다. 몰입도, 남긴 결과물, 협업 경험 등은 단순 이력보다 더 큰 의미를 갖는다. 그리고 그것을 어떻게 전형 과정에 녹여내는가가 취업의 성패를 좌우한다.

직접 경험이 어렵다면 간접 경험을 통해 보완할 수 있다. 책, 매거진, 커뮤니티, SNS, 직무 체험 영상 등은 그 출발점이 될 수 있다. 그러나 누구나 접근할 수 있는 자료는 차별화에 한계가 있다.

가장 효과적인 간접 경험은 '직무 경험자에 대한 직접 인터뷰'이다. 선배, 지인, 친척 등을 인터뷰하고, 본인이 직접 질문지를 준비하여 깊이 있는 대화를 나눈다면 훨씬 생생한 정보를 얻을 수 있다. 이 과정은 동기를 부여하고, 자소서나 면접에도 구체적인 사례를 담을 수 있는 소중한 자산이 된다.

혹시 인터뷰 대상자가 없다면 기업 홈페이지, 커뮤니티, 채용담당자에게 정중히 질문하는 방식도 있다. 그 시도 자체만으로도 탐색력과 진정성이 평가받는 요소가 된다.

마지막으로, 인성 역량을 증명하는 가장 강력한 수단은 '조직 안에서의 실질적인 일 경험'이다. 물론 봉사활동, 동아리 회장, NGO 활동도 의미는 있지만, '회사라는 구조'에서의 실질적인 역할 수행을 증명하기에는 한계가 있다.

대부분의 대학생이 선호하는 '꿀알바'는 업무 강도는 낮고, 수입은 좋을 수 있으나, 기업에서는 실질적 조직경험이나 경력으로 인정받기 어렵다. 카페, 편의점, 식당 등 자영업형태의 사업체에서는 협업, 보고, 규정, 갈등 조율 등 조직생활의 핵심을 체험하기 힘들다.

대기업이나 중견기업을 목표로 한다면, 해당 조직의 문화와 구조를 체험할 수 있는 아르바이트를 선택하는 것이 현명하다. 예를 들어 대형 프랜차이즈 레스토랑, 물류 기업 등은 수십 명이 함께 일하며 자연스럽게 협업, 지시·보고 체계, 갈등 관리, 스트레스 상황 대처 능력 등을 경험할 수 있는 환경이다. 카페를 창업해보고 싶으면 잘 되는 카페에서 직원으로 일해보는게 필수과정인 것처럼, 대기업에 취직하고 싶으면 대기업의 아르바이트 자리를 찾아서 내 시간과 노력을 들여 그 경험에 시간과 노력을 투자하는 것이야말로, 매우 현실적이고 전략적인 선택이다.

커리어를 위한 포트폴리오를 다양하게 쌓기란 결코 쉽지 않지만, 2~3학년 때부터 관심 직무를 정하고 경험을 차곡차곡 쌓아간다면 분명히 기회는 생긴다. 다시한번 강조하지만 대규모 조직에서 장기 아르바이트를 해 본다면 회사생활의 적지 않은 부분을 미리체험해볼 수 있고 그렇게 내 것이 된 경험은 채용전형에서의 나의 강력한 무기가 될 것이다. 쉬운 꿀알바 대신에 선택한 빡빡하고 힘들었던 회사경험, 단 한 줄의 경험이, 취업의 결과를 바꿀 수 있다.

취준생에게도
경력개발 전략이 필요하다

앞서 살펴본 것처럼, 취업 준비는 단순한 스펙 쌓기가 아니라 조직 구성원으로서의 적응력과 기여 가능성을 증명하는 과정이다. 이를 위해 '직무 경험'과 '조직 경험'이 중요하다는 점을 강조했으며, 이제는 나에게 적합한 업종과 직무를 정하고, 그에 따라 경력개발 계획을 수립하고 실행하는 단계로 나아가야 한다.

이때 효과적인 전략 중 하나가 바로 'PLAN-DO-SEE 사이클'이다. 이는 필자가 신입사원 시절부터 배워왔고, 현재도 대부분의 기업 신입 교육 과정에서 빠지지 않고 등장하는 개념이다. 본래 데밍Edward Deming의 경영관리 및 품질관리 이론에서 유래한 이 사이클은 조직의 업무뿐 아니라 개인의 목표 관리, 학습, 성장 전략에도 유용하게 활용되고 있다.

간단히 말해, 계획하고PLAN, 실행하고DO, 돌아보며 점검한 후SEE, 다시 계획으로 이어지는 순환 구조이다. 최근에는 학습 다이어리나 시간 관리에도 이 프레임이 널리 쓰이고 있으며, 대부분의 조직에서도 업무 실행의 기본 구조로 적용되고 있다.

그렇기에 이 구조에 맞춰 자신의 경력개발 활동을 정리하고, 나아가 자소서나 면접에서도 동일한 흐름으로 본인의 경험을 설명한다면, 채용 평가자에게도 익숙하고 설득력 있게 전달될 수 있다.

이제 콘텐츠와 방향은 정해졌다. 남은 것은 나만의 경력개발 계획을 세우고 실천하는 일이다. '무엇을, 언제까지, 어떤 방식으로 실행할 것인가'를 구체화하고, 결과를 점검하며 나만의 성장 루틴을 구축해야 한다. 이러한 축적이 결국 '준비된 사람'으로서의 나를 만들어줄 것이다.

1) PLAN: 나만의 경력개발 계획 세우기

PLAN은 말 그대로 '계획'을 수립하는 단계이다. 진로 방향이 설정되었다면, 그에 맞는 경험을 어떤 방식으로 쌓을 것인지 구체적으로 정리해야 한다. '어떤 직무에서, 어떤 경험을, 어느 정도 수준으로 해볼 것인가', 그리고 '그 경험이 내 성장과 어떤 연관성을 갖는가'를 고려하는 설계가 필요하다.

💡 핵심 질문
- 내가 설정한 진로에 맞는 핵심 경험은 무엇인가?
- 앞으로 3개월 혹은 6개월 내에 실현 가능한 활동은 무엇인가?
- 어떤 자격, 프로젝트, 활동을 통해 그 경험을 만들 수 있는가?

브랜드 마케팅 직무를 목표로 하는 경우
- 목표 직무: 브랜드 마케팅
- 필요한 경험: 소비자 인사이트 조사, 콘텐츠 기획, 캠페인 운영
- 실행 계획:
    소비자조사 동아리 참여 → 소비자 인식 조사 및 분석
    인스타그램 계정 운영 → 콘텐츠 감각 및 브랜드 톤앤매너 연습
    마케팅 공모전 참가 → 실전형 기획안 작성과 피드백 수렴

이처럼 구체적인 활동과 시기를 정해 계획을 수립하면, 방향이 명확해지고 실행력 또한 향상된다. 처음에는 구체적인 계획을 세우는 것이 다소 어렵게 느껴질 수 있지만, 일단 시작하는 것만으로도 절반은 성공이다. 중요한 것은 실행 과정에서 얼마나 몰입했는지, 그리고 마지막 단계에서 내가 어떻게 성장했는지를 설명할 수 있는가이다.

2) DO: 경험 실행, 실패를 두려워하지 않기

DO는 세운 계획을 실제 실행으로 옮기는 단계이다. 아무리 훌륭한 계획이라도 행동하지 않으면 의미가 없다. 이 단계에서는 '완벽한 결과'보다 '시도' 자체가 중요하다.

💡 핵심 질문
- 나는 지금 계획대로 실행하고 있는가?

- 예상치 못한 장애물이 생기면 어떻게 대처하고 있는가?
- 지금 배우고 있는 것, 느끼는 것은 무엇인가?

A는 콘텐츠 기획을 위해 인스타그램 계정을 개설하였다. 초기에는 반응이 거의 없어 자존감이 흔들렸지만, "무엇이 부족할까?", "사람들이 좋아하는 콘텐츠는 무엇일까?"를 끊임없이 고민하며 실험을 반복하였다. 이 경험은 단순한 SNS 활동을 넘어 실전형 학습의 기회가 되었다.

또 다른 사례로, IT 직무를 희망하는 B는 코딩 부트캠프 과제 수행 중 반복된 오류 수정에 지쳤지만, 그 과정을 통해 자신의 스트레스 반응과 문제 해결 전략을 파악할 수 있었다. 이는 그 자체로 값진 성장의 경험이다.

3) SEE: 점검하고 조정하기

SEE는 실행한 경험을 되돌아보고 성찰하는 단계이다. 단순히 '잘했다', '못했다'를 넘어, 구체적인 분석과 개선 방향을 도출해야 한다. 이 과정은 다음 기회를 더 나은 방향으로 이끌기 위해 꼭 필요하다.

💡 핵심 질문
- 어떤 점에서 성장했는가?
- 기대했던 결과와 실제 결과는 어떻게 달랐는가?
- 같은 상황이 반복된다면, 무엇을 다르게 할 수 있을까?

A는 콘텐츠 운영 후, 어떤 게시물이 높은 반응을 얻었는지 데이터를 정리하였다. 사람들은 시각적 콘텐츠에 더 반응한다는 사실을 확인하고, 텍스트 중심에서 이미지 중심 기획으로 전략을 수정하였다. 공모전에서는 입상하지 못했지만, 피드백을 통해 논리 전개, 발표력 등 개선점을 명확히 인식할 수 있었다.

B 역시 협업 과정에서 갈등 상황을 성찰하며, 다음 협업에서는 더 효과적인 커뮤니케이션 방식을 도입하겠다는 계획을 세웠다.

4) 작은 성공과 피드백을 자산으로 만들기

경력개발은 거창한 프로젝트로만 이루어지는 것이 아니다. 작은 계획, 실천, 점검의 반복이 결국 '나만의 포트폴리오'를 완성하는 과정이다. 처음부터 완벽할 필요는 없다. 중요한 것은 실행하고 돌아보고, 또 수정해나가는 순환 구조를 지속하는 것이다.

PLAN-DO-SEE는 단순한 실행 프레임이 아니라, 경험을 학습으로 전환하고 성장의 자산으로 만드는 구조이다. 그리고 그것이 바로 '경력개발'이다.

오늘 하루를 돌아보자. 나는 무엇을 계획했고, 무엇을 실행했으며, 어떤 피드백을 얻었는가? 이 질문에 답하는 습관이 쌓이면, 나만의 성장 루틴이 만들어진다. 그리고 그 반복이 결국 나를 '준비된 인재'로 만들어줄 것이다.

경험을 스토리로 정리하는 STAR 활용법

취업을 준비하는 과정에서, 특히 자기소개서나 면접 질문을 마주할 때 가장 자주 접하게 되는 질문 중 하나는 "자신의 성공 혹은 실패 경험을 구체적으로 설명하라"는 요청이다. 많은 취업준비생들이 이 질문에 답하려고 시도하지만, 듣는 이에게 명확히 전달하는 데 어려움을 겪는 경우가 많다. 어디서부터 어떻게 풀어야 할지 모르기 때문이다.

대부분의 기업은 두괄식, 즉 결론부터 말한 뒤 그 이유를 설명하는 방식의 커뮤니케이션을 선호한다. 그러나 이 방식 또한 충분한 연습과 훈련이 필요한 구조이기에, 익숙하지 않은 취업준비생에게는 결코 쉽지 않다.

이럴 때 유용하게 활용할 수 있는 구조가 바로 STAR 기법이다. STAR는 Situation, Task, Action, Result의 약자로, 자기소개서나 면접에서 자신의 경험을 논리적으로 구조화하고 설득력 있게 전달할 수 있도록 돕는 커뮤니케이션 프레임이다.

1) STAR 기법이란 무엇인가

STAR 기법은 개인의 경험을 구조적으로 전달하기 위한 전략적 말하기 방식이다. 이 구조를 활용하면 평가자는 특정 상황에서 어떤 문제를 어떻게 해결했고, 어떤 결과를 만들어냈는지를 보다 쉽게 이해할 수 있다.

- Situation(상황): 경험이 발생한 배경이나 맥락을 설명하는 단계이다.
- Task(과제): 그 상황에서 본인이 맡았던 역할이나 책임을 구체적으로 제시하는 단계이다.
- Action(행동): 문제 해결을 위해 본인이 실제로 취한 행동을 서술하는 핵심 단계이다.
- Result(결과): 행동의 결과로 나타난 성과나 배운 점을 전달하는 단계이다.

다음 장에서는 이 STAR 기법을 실제 사례에 어떻게 적용할 수 있는지, 그리고 짧지도 길지도 않게 핵심만 담아 전달하는 방법에 대해 구체적으로 다루기로 하겠다.

2) STAR 기법의 각 요소 설명

Situation: 배경을 간결하게 설명하기

이 단계에서는 '언제, 어디서, 어떤 일이 있었는가'를 간결하게 설명해야 한다. 핵심 정보만 정리하고, 장황한 설명은 지양하는 것이 중요하다. 가능하다면 시간, 장소, 숫자, 고유명사를 활용하여 구체적이고 생생한 장면을 구성하는 것이 좋다.

"대학교 3학년 1학기, 무역·경영 학과 연합 프로젝트에서 '지속가능한 소비 캠페인'을 기획하는 10명 팀의 팀장을 4개월간 맡은 경험이 있다."

Task: 자신의 역할을 명확히 설명하기

이 단계에서는 상황 속에서 본인이 어떤 책임을 맡았는지를 구체적으로 설명해야 한다. 팀 전체의 목표보다는 개인의 기여와 역할에 초점을 맞추는 것이 설득력을 높인다.

"이 프로젝트에서 일정과 역할 배분, 자원 기획 전반을 담당했고, 외부협력업체 였던 OO친환경패키지 기업의 마케팅, 기술팀장님과 실무 조율도 맡았다."

Action: 구체적 행동 중심으로 서술하기

STAR의 핵심은 바로 이 단계이다. '무엇을 어떻게 했는가'에 대한 구체적이고 실천적인 설명이 필요하며, '열심히 했다'는 표현은 의미 전달에 부족하다.

"기존 소비 캠페인의 한계를 분석하고, Z세대를 대상으로 설문조사와 빅데이터 기반 고객 심층 분석을 실시하였다. 이후 SNS 기반 홍보 전략과 프로모션 전략을 별도로 기획하고, 팀 내 결과물을 조율해 실행계획을 수립하였다."

※ 이때, 면접 시간이 허용된다면 홍보 전략이나 프로모션 실행 사례 중

하나를 간단히 덧붙이면 구체성과 설득력이 향상된다.

Result: 성과와 배움을 정리하기

이 단계에서는 행동의 결과를 수치나 지표로 구체화하는 것이 바람직하다. 정량적 수치가 없다면, 성과에 대한 피드백이나 본인의 학습 내용을 정리하여 마무리하는 것이 효과적이다.

"캠페인은 SNS상에서 1,000건 이상의 자발적 참여를 유도했으며, 학교 홍보팀으로부터 '가장 성공적인 학생 주도 캠페인'이라는 평가를 받았다."

3) STAR 기법의 실전 활용 팁

✅ 질문에 맞는 경험 선택이 우선이다

STAR는 형식일 뿐, 모든 경험이 적합한 것은 아니다. 질문의 의도를 파악한 뒤 그에 걸맞은 사례를 고르는 것이 우선이다.

✅ 반복 연습을 통해 자연스럽게 익숙해져야 한다

이론만으로는 효과를 보기 어렵다. 친구, 멘토, 거울 등을 활용해 반복적으로 말하기 훈련을 해보는 것이 도움이 된다.

✅ 결과에 대한 성찰을 덧붙이면 더욱 깊어진다

단순히 '잘한 경험'보다, 그 경험을 통해 무엇을 배우고 어떻게 성장했는지를 설명하는 것이 훨씬 큰 인상을 남긴다.

   STAR 기법은 단순한 말하기 틀이 아니라, 경험을 구조화하고 설득력 있게 전달하기 위한 전략적 커뮤니케이션 방식이다. 자기소개서든 면접이든, 결국 우리는 자신을 하나의 이야기로 전달하게 된다. STAR는 그 이야기를 더 명확하고 흥미롭게 구성할 수 있도록 도와주는 도구이다.

   면접관은 단지 결과만 보는 것이 아니라, 그 과정에서 어떤 사고력과 실행력, 협업 능력이 발휘되었는지를 주의 깊게 살핀다. 따라서 STAR의 4단계를 활용하여 두 문장 이내로 요약해 말하는 연습을 해보자. 질문에는 결론부터 응답한 후 설명 기회가 주어졌을 때 STAR 구조로 **구체적인 언어**(고유명사, 수치, 일시 등)**를 활용해 말하는 연습**을 해두는 것이 좋다.

   조직은 점점 더 소통 능력을 중시하는 방향으로 변화하고 있다. 그렇기에 STAR는 단순한 답변 구조가 아니라, 나라는 사람을 효과적으로 표현하는 전략이 될 수 있다.

THINK

나를 표현하라: 보여주는 힘도 전략이다

"내가 가진 걸 어떻게 매력적으로 보여줄까?"

법칙 4	자소서, '팔리는 나'를 설계하라	최창용
법칙 5	면접, 나를 디자인하는 무대다	김정기
법칙 6	내 이야기를 '직무 중심 스토리'로 엮어라	도하준

법칙

4

자소서, '팔리는 나'를 설계하라

최창용

취업 준비의 첫걸음! 자기소개서!

인상 깊은 자기소개서는 면접의 기회를 열어주는 중요한 열쇠가 된다. 하지만 많은 취준생들은 이를 단순히 채용 과정에서만 필요한 문서로 생각해, 마감일 직전에야 급하게 작성하는 경우가 많다. 그 결과 평범하거나 어색한 내용이 되고, 원하는 결과를 얻지 못할 가능성이 높아진다.

지원자의 강점과 개성을 효과적으로 드러내는 자기소개서는 단기간에 완성되지 않는다. 인상 깊은 자기소개서를 작성하려면 충분한 시간을 들여 여러 차례 수정하고 보완하는 과정이 필요하다. 이를 위해 평소 자신의 경험과 성과, 의미 있는 사건 등을 기록해 두는 것이 중요하다. 경험을 단순 기록하는 것이 아니라 경험의 배경, 행동, 결과, 느낀 점(교훈)을 비롯하여 활용 방향까지 정리하는 것이 필요하다.

이러한 기록을 주기적으로 점검하고 업데이트하는 습관을 들이면 보다 체계적으로 취업을 준비할 수 있다. 만약 일정 기간 동안 특별한 변화가 없었다면, 이는 자신의 성장 방향을 점검해야 한다는 신호다.

자신의 강점을 어떻게 발전시킬지 고민하고, 꿈과 목표를 이루기 위해 필요한 경험을 쌓으며 지속적으로 자기 자신을 성장시켜 나가는 노력이 필요하다. 이러한 과정을 거쳐 준비된 자기소개서는 지원자의 개성을 돋보이게 하고, 면접관에게 강한 인상을 남길 수 있을 것이다.

읽고 싶어지는
자기소개서, 가능할까?

기업의 특성/문화에 답이 있다

자기소개서는 지원하는 기업의 문화와 특성을 반영해야 하며, 이를 위해 핵심 키워드를 도출하는 과정이 필수적이다. 흥미를 끌지 못하는 평범한 자기소개서는 첫 문장에서부터 관심을 받지 못하고 검토 대상에서 제외될 가능성이 크다.

그렇다고 단순히 궁금증을 유발하는 문장을 쓰는 것만으로는 부족하다. 흥미로운 도입부를 뒷받침할 구체적인 경험과 논리가 없다면, 신뢰를 얻기 어렵다. 중요한 것은 궁금증을 유발하면서도 이를 뒷받침할 탄탄한 내용을 함께 구성하는 것이다.

면접으로 이어지는 자기소개서를 작성하려면 먼저 "나는 누구인가?"에 대한 명확한 이해가 필요하다. 그 다음, 지원 기업의 문화와 특성을 분석하고 이에 맞는 키워드를 도출하여 자기소개서에 녹여야 한다. 이 과정을 거친다면 자기소개서를 작성하는 것이 훨씬 수월해지고, 면접관에게도 강한 인상을 남길 수 있다. 나아가, 이러한 준비 과정은 단순한 취업 대비를 넘어 나의 커리어를 설계하고 꿈을 실현하는 중요한 기회가 될 것이다.

사건이 아닌 나의 특성을 강조하라!

많은 취준생이 학창 시절의 경험을 묻는 질문에 대해 "고등학교 때 ○○ 활동을 했고, 대학교 때 성적 관리와 자격증 취득을 위해 노력했다"는 식으로 서술한다. 하지만 이러한 단순한 나열식 서술은 인사담당자로부터 "그래서?"라는 반응을 이끌어낼 뿐이며, 차별화되지 않아 선택받기 어렵다.

기업의 인사 및 면접 담당자는 단순한 경험 자체가 아니라, 그 경험을 통해 무엇을 배웠으며, 이를 회사에서 어떻게 활용할 수 있을지 궁금해한다. 따라서 자기소개서를 작성할 때는 사건 중심이 아니라, 본인의 강점과 특성을 강조해야 한다.

예를 들어, 지원하는 직무에 리더십이 중요한 역량이라면 다음과 같이 작성하는 것이 효과적이다.

[잘못된 예시]
"대학 시절 ○○ 경진대회에 참가했습니다."

[좋은 예시]
"대학 시절 ○○ 경진대회를 준비하며 팀을 구성하고, 팀원들의 의견을 조

율하며 협업을 이끌었습니다. 그 결과, 효과적인 전략을 수립하여 1위를 차지했습니다. 이 경험을 통해 조직을 운영하고 최고의 성과를 낼 수 있는 리더십 역량을 키웠습니다."

이처럼 자기소개서는 단순한 활동의 나열이 아니라, 본인의 특성이 드러나는 방식으로 작성해야 한다. 그래야만 면접관의 관심을 끌고, 선택받는 자기소개서를 완성할 수 있다.

재미, 특별함, 창의적 자기소개서! 문장 구성으로 만들 수 있다. 자기소개서는 취업의 첫걸음이며, 면접의 기회를 여는 열쇠다. 하지만 많은 취준생이 이를 작성하는 데 부담을 느낀다. "내세울 것도 없고, 평범하게 살아왔으며, 특별히 잘하는 것도 없고, 스펙도 남다르지 않은데 도대체 어떻게 쓰라는 거죠?"라는 고민을 털어놓기도 한다.

그러나 대부분의 사람들은 그렇게 특별한 삶을 살지 않았다. 중요한 것은 '어떤 경험'이 아니라, '어떻게 표현했는가'이다. 자기소개서는 단순한 경험 나열이 아니라, 지원자의 강점을 효과적으로 전달하는 스토리텔링 과정이다. 경쟁에서 뒤처지지 않으려면, 자기소개서와 면접 준비만큼은 철저히 해야 한다.

평범한 경험도 특별하게 만드는 법

작은 경험이라도 스토리텔링을 통해 흥미롭게 전달해야 한다. 핵심 메시지를 먼저 제시하고, 이를 뒷받침하는 구체적인 경험을 서술하는 두괄식 구성이 효과적이다.

1) 독자의 관심을 끄는 첫 문장

흥미로운 질문, 인상적인 경험, 강렬한 메시지 등으로 시작

예) "제게는 '포기'라는 단어가 어울리지 않습니다. 작은 목표라도 반드시 끝까지 해내는 것이 제 삶의 원칙입니다."

2) 전체적인 내용 예고

글에서 다룰 핵심 주제와 방향을 간략히 설명

예) "이러한 성향은 학창 시절 프로젝트부터 대외활동까지 저를 끊임없이 성장하게 만든 원동력이었습니다."

3) 본론: 에피소드 + 결과 + 교훈

- **소재**: 한 문장으로 핵심을 압축
- **에피소드**: 경험을 구체적으로 풀어 설명 스토리의 70% 이상
- **결과**: 경험에서 얻은 성과 두세 문장으로 압축
- **교훈**: 경험을 통해 얻은 깨달음 전체 분량의 20% 이내)

예) "대학교 때 팀 프로젝트를 맡아 조율하며, 의견 충돌을 해결하는 리더십을 배웠습니다. 덕분에 팀원들과 협력하여 성공적인 결과를 도출할 수 있었습니다."

4) 강렬한 마무리

다시 한번 지원자의 특성과 비전을 강조

예) "이러한 경험을 바탕으로, 조직 내에서 협업을 이끌고 성과를 창출하는 인재가 되겠습니다."

〈주의할 점〉

- 너무 많은 경험을 나열하지 말 것: 경험이 많다고 좋은 것이 아니다. 오히려 핵심이 흐려질 수 있다.
- 기업이 원하는 역량과 연결할 것: 단순한 경험 나열이 아니라, 기업이 원하는 인재상과 연결해야 한다.
- 솔직하고 성실한 태도를 보여줄 것: 자기소개서는 실적을 자랑하는 곳이 아니다. 작은 경험도 가치 있게 만들어 신뢰를 주는 것이 중요하다.

자기소개서는 단순한 스펙 나열이 아니다. 자신만의 스토리를 만들고, 면접관에게 "이 지원자는 꼭 한 번 만나보고 싶다"는 생각이 들도록 준비해야 한다. 자신만의 강점이 담긴 자기소개서는 면접관의 시선을 사로잡을 수 있다. 이제부터 자신만의 강점을 담은 자기소개서를 차별화된 방식으로 완성하자.

식상한 표현보다 실질적 역량을 강조하라

자기소개서를 작성할 때 "사교적입니다", "최선을 다하겠습니다", "초심을 잃지 않겠습니다", "최고가 되겠습니다"와 같은 표현은 식상할 수 있다. 기업은 막연한 다짐이 아니라 실질적인 역량과 성과를 보여줄 수 있는 구체적인 증거를 원한다.

🔍 **예시**

- "아르바이트를 하며 좋은 업무 성과를 냈습니다." → "아르바이트 당시, 월 매출 목표를 120% 달성하기 위해 고객 응대 방식을 개선하고, 프로모션 전략을 제안하여 ○개월 동안 목표를 초과 달성했습니다."
- "어학연수를 다녀왔습니다." → "20○○년 ○월부터 ○개월 동안 호주 브리즈번에 있는 ○○대학교에서 어학연수를 하며 현지 프로젝트에 참여하고, 영어로 발표하는 경험을 쌓았습니다."
- "전공 공부에 최선을 다했습니다. 그 결과 성적이 올랐습니다." → "복학 후 학습 계획을 철저히 세워 매일 평균 3시간 이상 전공 공부를 하였습니다. 추가 실습을 진행하며 교수님과의 질의응답을 통해 이해도를 높였습니다. 그 결과, 전공 필수 과목에서 A+을 받았고, 학과 성적 상위 10%에 진입할 수 있었습니다."

입사 포부는 구체적으로!

입사 포부에서 "열정적으로 일하겠습니다", "최고가 되겠습니다" 같은 표현은 신뢰를 주기 어렵다. 대신, 본인의 성장 계획을 구체적으로 제시해야 한다.

🔍 **예시**

- "가족, 친구, 직장 동료들에게 한결같은 사람이 되고 싶습니다." → "입사 후 맡은 업무에서 전문성을 키우고, 10년 내에 팀을 이끄는 리더로 성장하는 것이 목표입니다. 이를 위해 새로운 기술을 습득하고, 동료들과 협업하여 조직의 성과 향상에 기여하겠습니다."

- "선택한 길에서 최고 전문가가 되는 것이 목표입니다." → "2025년까지 석유화학 공정 분야에서 'OOO 전문가'로 인정받아 국내 대학 초청 강의를 목표로 하고 있습니다."
- "고객을 위해 최선을 다하는 직원이 되겠습니다." → "입사 후 3년 내에 고객 데이터를 분석하여 맞춤형 서비스를 기획하는 것이 목표입니다. 이를 위해 데이터 분석 툴을 익히고, 서비스 개선 프로젝트에 적극 참여하겠습니다."

구체적인 목표와 실질적인 계획을 제시할 때, 자기소개서는 단순한 글이 아닌 나만의 강점을 증명하는 도구가 된다.

디테일이 선택받는다!

기업과 연관성 있는 키워드로 제목 정하기(헤드라인, 소제목)

자기소개서에서 가장 먼저 시선을 끄는 것은 본문이 아닌 주제 문구이다. 따라서 인사담당자의 눈을 사로잡는 키워드 중심의 제목을 정하는 것이 중요하다. 다른 지원자들과 차별화될 수 있도록 주제 문구에 모든 노력을 집중하자. 논리적 구조를 일부러 깨거나, 반전을 활용하여 시선을 머물게 만드는 전략도 효과적이다. 이것이 바로 '훑고 지나가지 않는 자기소개서'를 만드는 비결이다.

또한, 처음과 끝은 반드시 공들여 다듬어야 한다. 인간의 기억은 중간보다 처음과 끝에 집중되므로, 각 항목의 도입과 마무리에 핵심 메시지를 담아야 한다. 이때 주제문을 반복해서 상기시키는 방식도 좋다.

 소제목은 간결하고 명확한 메시지를 담되, 추상적이거나 상징적인 표현보다 팩트 중심의 진술로 구성해야 한다. 자기소개서는 소설이 아니다. 또한, 전체 내용을 한 줄로 요약하려는 무리한 시도보다, 본문을 읽고 싶게 만드는 제목을 설정하는 것이 중요하다.

 기업의 인재상이 '책임감과 유연성'이라면, 그에 맞는 키워드를 소제목으로 뽑고, 이에 부합하는 내용을 전개해야 한다.

- **식상한 표현의 경우:** "저는 맡은 일은 끝까지 책임지는 성격입니다."
- **궁금증 유발 키워드 중심 소제목:** "계획이 틀려도, 책임은 끝까지", "캡스톤디자인 프로젝트 팀장을 맡아 고령자 보행 보조기 개발을 진행했습니다. 예상치 못한 부품 단종 이슈가 발생했지만, 설계를 즉시 수정하고 일정 재조정안을 팀원들과 협의해 빠르게 대응했습니다. 무너진 일정을 3일 밤샘 작업으로 회복하며, 끝까지 책임을 다한 결과 우수상을 수상했습니다. 저는 계획이 틀어져도 책임은 끝까지 지키고, 변화에는 유연하게 대처할 줄 아는 사람입니다."

 이러한 표현은 면접관으로 하여금 "그 당시의 어려운 상황은 무엇이었을까?", "지금도 유연한 사고를 유지하기 위해 어떤 노력을 하고 있을까?"와 같은 후속 질문을 자연스럽게 이끌어낼 수 있다. 즉, 효과적인 제목은 본문에 대한 흥미를 유발할 뿐 아니라, 면접까지 자연스럽게 연결되는 다리 역할을 한다.

긍정의 언어로: '못합니다' 대신 '하고 있습니다'

못하는 것과 하지 않는 것은 다르다. 부족함은 '의지'로 바꾸자. 자기소개서에서 부족한 점을 솔직하게 적는다고 해서 좋은 인상을 주는 것은 아니다. 특히 직무와 관련된 역량이 부족한 경우, 단순한 고백보다는 현재의 강점과 이를 보완하기 위한 노력을 함께 보여주는 전략이 필요하다.

"처음에는 하위 등급이었지만, 노력 끝에 상위권에 올랐습니다"라는 문장은 과거의 약점을 먼저 드러내는 탓에 긍정보다 부정의 인상이 남는다. 이보다는 다음과 같이 표현하는 편이 좋다. "현재까지 상위권을 꾸준히 유지하고 있습니다."

또 다른 예시로, "파워포인트는 잘 못하지만, 워드는 중급 정도 됩니다"라는 문장은 자신감도, 성장의 의지도 느껴지지 않는다. 이를 다음과 같이 바꾸어 보자.

"워드는 능숙하게 활용할 수 있으며, 파워포인트는 고급 기능 습득을 위해 학원에서 꾸준히 배우고 있습니다."

이처럼 '못합니다' 대신 '배우고 있습니다', '부족합니다' 대신 '채우고 있습니다'라는 태도를 보여주는 것이 중요하다. 자기소개서에서는 '할 수 없다'가 아니라, '하려고 한다'는 메시지를 담아야 한다.

광고처럼 써라: 부정어를 지우고, 가능성과 미래를 말하라

하루에도 수십 개씩 보게 되는 광고 문구를 떠올려 보자.

"저희는 실력이 부족합니다."

"경쟁사보다 못하지만, 열심히 하겠습니다."

이런 식의 부정적인 표현을 광고에서 본 적이 있는가? 없다. 광고는 늘 장점을 강조하고, 미래의 가능성을 이야기한다. 자기소개서도 마찬가지다. 자신의 부족한 점을 굳이 부각시키는 대신, 지금 어떤 노력을 하고 있는지를 보여주자.

또한, 다른 사람을 깎아내리며 자신을 드러내는 방식도 피해야 한다. 자기소개서는 경쟁을 위한 글이지만, 남을 비판하기보다 자신의 태도와 방향성을 명확히 보여주는 글이어야 한다.

직무와 연관되게 표현하라

자기소개서는 결국 '이 사람이 이 직무에 적합한가?' 를 판단받는 글이다. 아무리 열심히 했고 최선을 다했다고 해도, 그 경험이 직무와 연관되지 않는다면 인사담당자의 관심을 끌 수 없다.

"책임감이 강하고 착실한 직원이라는 칭찬을 받았습니다"라는 문장은 좋은 인상을 줄 수는 있지만, "그래서 이게 어떤 점에서 직무에 도움이 되는데?" 라는 반응을 유도하기 쉽다.

직무 연결 포인트를 찾아야 한다. 지원하는 직무의 역할과 필요 역량을 정확히 파악하고, 그와 연결되는 경험을 중심으로 자기소개서를 구성해야 한다.

회계 직무의 경우, '정확성', '수치 감각', '실수에 대한 대처 능력' 등이 핵심 역량이다. 이 요소들을 기반으로 경험을 재구성하는 것이 중요하다.

다음은 편의점 아르바이트 경험을 단순 나열이 아닌 회계 직무와 연결 지어 표현한 예시다.

일반적이고 직무와 연관 없는 표현

"편의점 아르바이트 경험이 있습니다. 책임감 있고 성실하다는 말을 자주 들었습니다." 이 문장은 무난하지만, 직무와의 연관성이 부족해 채용자의 기억에 남기 어렵다.

직무와 연관된 구체적 표현

소제목: 마감의 달인, 수치에 실수를 남기지 않습니다
"편의점에서 근무하며 매일 마감 업무를 맡아 현금과 카드 결제를 정산하고 지점장에게 보고했습니다. 한 번은 계산 착오가 있었지만, 그동안의 정확한 마감 실적을 인정받아 신뢰를 유지할 수 있었습니다. 이후로는 영수증과 현금을 두 번씩 확인하며, 단 한 번의 실수 없이 마감 보고를 했습니다. 이 경험을 통해 수치에 대한 책임감과 철저함을 갖추게 되었습니다."

이처럼 작은 경험이라도 직무 역량과 연결하면 큰 강점으로 부각될 수 있다. 자신의 경험을 단순 나열하지 말고, '이것이 왜 직무에 도움이 되는가?'를 끊임없이 질문하며 내용을 구성해 보자.

문장은 짧게, 내용은 명확하게

자기소개서는 간결하게 핵심을 전달하는 글이다. 많은 기업에서 글자 수나 페이지 제한을 두기 때문에, 단문 위주의 구성은 선택이 아닌 필수다.

길게 늘어지는 문장은 피하라
'~고', '~해서', '~하면서' 같은 연결어를 반복적으로 사용하면 문장이 불필요하게 길어지고 핵심이 흐려진다.

예를 들어, "어렸을 때부터 꾸준히 독서를 해 왔고, 이를 통해 사고력이 길러졌으며, 대학에서도 다양한 분야에 관심을 가지게 되었고, 그래서 탐구 활동을 활발히 해 왔습니다."
→ 문장이 길어져 읽는 이의 집중력을 떨어뜨린다.

"어릴 적부터 꾸준히 독서를 해 왔습니다. 이 습관은 사고력을 키우는 데 도움이 되었습니다. 대학에서는 다양한 분야에 관심을 갖고 탐구 활동을 이어갔습니다."
→ 문장을 나누면 흐름이 명확해지고, 이해하기 쉬워진다.

제한 분량은 반드시 지켜라
기업에서 명시한 글자 수 또는 페이지 제한은 절대적인 기준이다. 이를 초과할 경우 서류 심사에서 제외될 수 있다.

- 워드 작성 시, [도구] 〉 [단어 수] 기능을 활용해 공백 포함/제외 글자 수를 확인하자.
- 전체 분량은 가급적 1페이지 이내, 각 항목은 짧은 문단 2~3개로 구성하면 좋다.
- 문장을 짧게 써야 가독성도 좋아지고, 메시지도 명확해진다.

간결하지만 허전하지 않게

짧게 쓰되, 핵심 내용은 빠뜨리지 말자. 불필요한 수식어나 중복 표현을 줄이고, 중요한 정보는 빠짐없이 담아야 한다.

🔍 **좋은 문장 구조 예시**

"문제를 파악했습니다. 팀원들과 해결 방안을 논의했습니다. 역할을 나누고 실행했습니다. 결과적으로 문제를 단기간 내 해결할 수 있었습니다."

→ 짧고 단순하지만, 행동-과정-결과가 모두 담긴 좋은 구조다.

스펙보다 나만의 살아 있는 스토리

과거에는 '가장 잘난 사람 Best People', 즉 스펙이 화려한 인재가 주목받았다면, 요즘은 '가장 적합한 사람 Right People'이 선호된다. 즉, 조직 문화와 직무에 잘 맞는 사람이 더 중요해졌다는 의미다.

따라서 자기소개서에서는 수많은 활동이나 자격증을 나열하기보다는, '내가 왜 이 조직과 직무에 적합한가'를 보여주는 유니크한 경험과 이야기가 필요하다.

일관된 메시지를 담은 스토리를 써라

지원서나 자기소개서에서 가장 중요한 것은 '스토리의 일관성'이다. 단편적인 경험 나열이나 화려한 성과 중심의 서술보다, 하나의 명확한 메시지를 중심으로 짜임새 있게 전개된 이야기가 훨씬 더 강한 인상을 남긴다. '일관된 메시지'란, 단순히 같은 말을 반복하는 것이 아니라, 기업이 찾는 인재상이나 해당 직무의 핵심 역량을 중심으로, 나의 경험과 가치관, 행동, 태도가 자연스럽게 연결되는 흐름을 말한다.

중요한 것은 반드시 거창하거나 특별한 경험일 필요는 없다. 일상 속 소소한 경험이라도, 그것을 어떻게 바라보았고, 어떤 태도로 임했으며, 무엇을 배웠는지가 더 중요하다.

양보다 질, 경험보다 해석과 의미 부여가 핵심이다. 단 하나의 경험이라도 깊이 있는 성찰을 바탕으로 정리된 스토리는, 여러 개의 얕은 경험보다 훨씬 더 신뢰감을 준다. 그래서 자기소개서를 쓸 때는 "무엇을 했는가?"보다 "그 일을 하며 나는 어떻게 생각하고, 무엇을 배웠는가?"에 더 집중해야 한다.

결국, 좋은 스토리란 내가 지원한 회사와 직무에 '왜 잘 맞는 사람인지'를 자연스럽게 증명해주는 이야기이다. 자신의 경험을 객관적으로 돌아보고, 메시지를 정리하고, 그것을 구조화하는 것이 자기소개서 작성의 핵심이다.

경험을 단순 나열하지 말고, STAR 기법으로 스토리를 구조화하라

- **Situation:** 어떤 상황이었는가?
- **Task:** 어떤 문제나 과제가 있었는가?
- **Action:** 나는 어떤 행동을 했는가?
- **Result:** 그 결과는 어땠는가?

🔍 예시

"대학 축제 기획팀에서 활동했습니다. 행사 일정 중 주요 업체와의 계약이 지연되며 전체 일정에 차질이 생겼습니다. 저는 직접 업체를 방문하고, 일정 조율을 위한 플랜 B를 제시하며 협상을 주도했습니다. 결과적으로 축제는 무사히 열렸고, 이후 총학생회 행사에도 기획자로 참여 요청을 받았습니다."

이처럼 구체적이고 진정성 있는 스토리는 스펙보다 훨씬 강력한 인상을 남길 수 있다.

'팔리는 나'를 위한 항목별 자기소개서 작성

성장 과정: 나의 기초, 어떤 사람인지 보여주는 출발점

성장 과정 항목은 단순한 과거 회상이 아니라, '이 사람이 어떤 환경에서 자랐고, 어떤 태도와 가치관을 가지게 되었는가'를 보여주는 구간이다. 여기서 중요한 건 그 모든 경험이 지원 직무 및 조직 문화와 연결되어야 한다는 것이다. "내가 자란 환경은 이 회사에 어떤 도움이 되는가?"를 끊임없이 자문하자.

〈성장 과정 작성 전략 패턴〉

논리적이고 간결한 단문, 그리고 상황-문제-행동-결과STAR 구조를 활용하자.

① 부모님의 직업, 가족의 좌우명 또는 가훈 소개

단순 정보 나열이 아닌, 어떤 분위기 속에서 성장했는지를 암시할 수 있어야 한다.

예: "교사이신 부모님 덕분에 어릴 적부터 '약속을 지키는 태도'를 중요하게 배웠습니다."

② 그에 따른 집안 분위기 및 성향 → 인재상과 연결

가족 문화가 만든 나의 성격적 특징을 언급하되, 직무와 연결되는 키워드 책임감, 협업, 정직 등)를 자연스럽게 녹여내자.

예: "규칙을 중요하게 여기는 분위기 속에서 성장하며, 정확하고 꼼꼼한 성향을 갖게 되었습니다."

③ 내가 받은 긍정적인 영향, 구체적 경험

행동이 드러나는 실제 경험을 짧게 소개하되, 가능한 한 대학생 이후 경험 중심으로 쓴다.

예: "대학에서 동아리 회계 업무를 맡으며 매달 지출 보고서를 작성했습니다."

④ 배운 점과 응용 방법

단순 감상이 아닌, 현재의 행동이나 습관으로 이어진 결과를 보여준다.

예: "이후 모든 과제를 기한 내 제출하는 습관으로 이어졌고, 팀 프로젝트에서도 일정 관리 역할을 맡았습니다."

⑤ 사회인이 된 후 어떻게 활용할 것인가 나의 다짐

지금까지의 성장이 직무에 어떤 식으로 기여할 수 있는지를 구체적으로 서술한다.

예: "이처럼 정리된 태도와 책임감을 바탕으로 회계 직무에서도 꼼꼼한 관리자로 성장하고 싶습니다."

🔍 **자기소개서 예시(기술개발 직무 지원 / 성장 과정 중심)**

"약속은 반드시 지켜야 한다"는 부모님의 말씀은 제 성장기의 중요한 원칙이었습니다. 두 분 모두 교사로 재직하셨고, 정직하고 책임감 있는 태도를 강조하셨습니다. 덕분에 저는 자연스럽게 계획적으로 사고하고, 문제를 차근차근 해결하는 습관을 갖게 되었습니다.

대학교에서는 캡스톤디자인 프로젝트를 통해 기술 문제 해결의 전 과정을 경험했습니다. 팀 내에서 설계와 실험 계획을 주도했고, 예상과 다른 결과가 나왔을 때는 원인을 분석하고 시뮬레이션을 반복하며 개선 방향을 도출했습니다. 이 과정에서 논리적 사고력과 협업 능력, 그리고 기술을 통한 문제 해결 경험을 키웠습니다.

이러한 경험을 통해 저는 문제를 발견하고 해결책을 찾아내는 데 즐거움을 느끼는 사람이라는 걸 확인했습니다. 기술개발 직무는 정확한 분석과 끈기 있는 탐구, 그리고 결과로 증명하는 과정을 요구한다고 생각합니다. 저는 이 직무에서 실제 문제를 해결하는 기술을 개발하는 엔지니어로 성장하고자 합니다.

성격의 장단점: 직무에 적합한 성격으로 보이게 하라

성격의 장단점 항목은 '나는 이 직무에 잘 맞는 사람입니다'를 강조하는 자리다. 장점은 지원 직무와 연결 지어 구체적으로 부각시키고, 단점은 짧게 언급한 후 이를 어떻게 극복해 나가고 있는지를 보여주는 것이 중요하다.

예를 들어, 생산·품질관리 분야에 지원하면서 '시간 관리가 약하다'는 단점을 솔직하게 적는 것은 좋지 않다. 이 직무는 납기, 일정, 디테일이 핵심이기 때문이다. 즉, 단점이 직무의 필수 역량을 정면으로 부정하는 형태가 되어선 안 된다.

성격의 장단점 작성 전략

- **장점은 구체적인 사례와 함께**: "적극적인 성격"이라는 말만 쓰지 말고, 실제로 어떻게 행동했는지를 보여줘야 한다.
- **단점은 양면적인 성격으로 표현**: 너무 꼼꼼해서 시간이 오래 걸린다든지, 완벽주의적 성향이 업무의 정확도엔 도움이 되지만 일정 관리에 있어선 조절이 필요했다든지 등.
- **단점은 개선되고 있다는 점을 반드시 강조**: 단점은 단점 그대로 끝나면 안 된다. 개선 의지를 보여주는 경험으로 연결하자.
- **직무와 연결될 수 있는 특성을 중심으로 전개**: 어떤 성격이 왜 그 직무에 어울리는지를 명확히 드러내자.

🔍 **자기소개서 예시(기술개발 직무 지원 / 성격의 장단점 중심)**

저는 호기심이 많고 새로운 기술에 도전하는 것을 즐기는 성격입니다. 대학교 3학년 때 머신러닝 개념이 흥미로워 관련 라이브러리를 직접 학습했고, 졸업 프로젝트에서는 이를 활용해 예측 모델을 구현했습니다. '왜?'라는 질문을 놓지 않는 성향 덕분에 기술적 개념을 더 깊이 파악하고, 문제를 다양한 각도에서 접근하는 습관이 생겼습니다.

다만, 새로운 지식 탐구에 몰두하다 보면 일정 조율이 미흡했던 적도 있었습니다. 이를 보완하기 위해 캘린더와 우선순위 정리 툴을 활용하며, 주간 목표 단위로 일정을 관리하는 습관을 들였습니다. 지금은 개인 프로젝트는 물론, 팀 프로젝트에서도 일정 내에 과제를 마치고 팀원들과 협업 성과를 낼 수 있는 실행력을 갖추게 되었습니다.

학창시절: 협업과 인성을 보여주는 무대

학창 시절 항목은 단순히 '학교에서 무엇을 했다'가 아니라, 지원 직무에 적합한 인성과 태도를 보여주는 데 초점이 맞춰져야 한다. 특히 팀워크, 협동심, 융통성, 대인관계 능력 등 조직 내에서 함께 일할 수 있는 사람인지를 드러내는 것이 핵심이다.

작성 전략 패턴
① 특별한 상황 소개
　예: "대학교 2학년, 전공 동아리의 첫 학술제 준비팀에 참여하게 되었습니다."
② 그 상황에서의 제약 또는 문제
　예: "행사를 기획하면서 팀원 간 의견 충돌과 역할 분담의 혼선으로 준비가 지연됐습니다."
③ 문제 해결을 위한 나의 행동
　예: "갈등 조정을 위해 중간 역할을 자청했고, 팀원들과 개별 인터뷰를 진행해 의견을 수렴했습니다."

④ 그 경험을 통해 배운 점
　예: "원활한 협업은 단순한 역할 분배가 아닌, 서로의 입장을 듣고 조율하는 과정임을 배웠습니다."
⑤ 직무와의 연결, 사회인으로서의 활용 다짐
　예: "앞으로도 개발 프로젝트에서 다양한 팀원과 협업하며, 조화로운 결과를 만드는 데 기여하고 싶습니다."

🔍 자기소개서 예시(기술개발 직무 지원 / 학창 시절 중심)

　대학교 2학년 시절, 전공 동아리에서 첫 학술제를 준비하게 되었습니다. 팀원들과 함께 새로운 주제를 선정하고 발표 자료를 만들던 중, 역할 분담이 명확하지 않아 진행이 계속 지연되고, 일부 구성원 간 갈등도 발생했습니다.

　저는 갈등 상황을 해결하기 위해 자발적으로 중간 조정 역할을 맡았습니다. 각 팀원의 의견을 수렴하고, 일정별 업무 분장을 구체화한 후 시각적으로 공유하며 진행 상황을 함께 관리했습니다. 그 결과 학술제는 계획대로 마무리되었고, 발표 주제 역시 좋은 평가를 받아 동아리 대표로 학과 발표회에 참여할 수 있었습니다.

　이 경험을 통해, 협업에서 중요한 것은 단순한 실행보다 소통과 조율이라는 것을 배웠습니다. 앞으로 기술개발 직무에서도 팀원들과 원활히 소통하며, 협업 속에서 시너지를 만들어내는 개발자가 되고자 합니다.

지원동기: "왜 이 회사인가, 무엇을 기여할 수 있는가"를 설득력 있게 보여줘야 한다

지원동기와 포부는 자기소개서에서 가장 중요하게 평가되는 항목 중 하나이다. 많은 지원자들이 이 항목에서 흔히 저지르는 실수는, '왜 이 분야에서 일하고 싶은가'에 집중하는 것이다.

그러나 이 항목의 핵심은 '왜 수많은 회사 중에서 이 회사를 선택했는가'에 대한 명확한 이유를 밝히는 데에 있다. 즉, "왜 이 업종에 관심이 있습니까?"가 아니라, "왜 우리 회사에 오고 싶습니까?"라는 질문에 답하는 항목이다.

따라서 이 항목을 효과적으로 작성하려면 회사에 대한 충분한 조사와 분석이 선행되어야 한다. 기업의 비전, 핵심 가치, 사업 방향 등을 이해하고, 자신의 강점과 경험이 어떻게 회사와 연결되는지를 구체적으로 설명해야 한다.

또한 "귀사의 성장 가능성에 끌려 지원했다"와 같은 표현은 막연한 감탄으로만 보일 수 있으므로 주의해야 한다. 중요한 것은 회사의 특성과 방향성에 대한 이해를 바탕으로 본인의 관심과 열정, 그리고 기여 의지를 드러내는 것이다.

효과적인 지원동기·포부 작성 전략

① 자신의 강점이나 경험이 회사의 비전·가치관·경영이념과 어떻게 맞닿아 있는지를 강조한다

예: "기술을 통해 삶의 문제를 해결하고자 하는 귀사의 철학은, 실생활 기

반 프로젝트를 꾸준히 진행해온 나의 경험과 잘 부합합니다."
② 단순한 감탄이 아닌, 회사의 구체적인 매력이나 성장 가능성에 기반한 관심을 드러낸다
   예: "귀사가 최근 발표한 '친환경 기술 개발 로드맵'을 통해, 기술력뿐 아니라 사회적 책임까지 고려하는 기업이라는 인상을 받았습니다."
③ '배우고 성장하고 싶다'는 표현보다, 회사에 어떻게 기여할 수 있는지를 명확히 서술한다
   예: "신제품 개발 프로젝트에서 사용자 니즈를 반영했던 경험을 살려, 귀사의 제품 경쟁력 강화에 기여하고자 합니다."
④ 포부는 구체적으로, 회사와 함께 성장할 수 있는 계획으로 정리한다
   예: "단기적으로는 기술 기반 실무를 충실히 익히고, 장기적으로는 다양한 개발 프로젝트를 주도하는 핵심 인재로 성장하고자 합니다."

🔍 자기소개서 예시 (기술개발 직무 지원 / 지원동기 중심)

예시1. 기술 혁신 중심 기업

귀사는 최근 자율주행 및 인공지능 분야에서 선도적인 기술력을 보여주고 있으며, '기술로 삶의 질을 높인다'는 비전에 깊이 공감합니다. 대학 시절 딥러닝 기반의 영상 분석 프로젝트를 수행하며, 기술이 실생활 문제 해결에 직접 연결되는 경험을 했습니다. 이러한 경험을 바탕으로 귀사의 기술개발 부서에서 실용적인 AI 솔루션 개발에 기여하고자 합니다. 단기적으로는 실무 역량을 쌓아 신뢰받는 팀원이 되고, 장기적으로는 미래 기술을 기획하고 선도하는 개발자로 성장하겠습니다.

예시2. 지속가능 경영을 추구하는 기업

　귀사는 친환경 소재 개발과 지속가능한 기술 확보에 적극적으로 투자하고 있으며, 이는 제가 기술을 통해 사회적 가치를 창출하고자 하는 방향성과 일치합니다. 소재공학 전공자로서 환경 대응형 신소재 프로젝트를 진행한 경험이 있으며, 이를 바탕으로 귀사의 기술개발에 기여하고 싶습니다. 연구와 협업을 바탕으로 실현 가능한 기술을 제안하고, 장기적으로는 친환경 R&D를 이끄는 전문가로 성장하고자 합니다.

예시3. 중소·중견기업형, 성장성과 도전 기회 강조

　귀사는 빠른 기술 성장과 함께 구성원의 자율성과 책임을 중시하는 문화가 인상 깊었습니다. 개발자에게도 주도적으로 성장할 수 있는 환경을 제공하는 점에서 큰 매력을 느꼈습니다. 다양한 프로젝트에 능동적으로 참여하며 기술 역량을 넓혀온 만큼, 귀사의 기술개발팀에서 실행력 있는 구성원으로 기여하겠습니다. 중장기적으로는 복합적인 문제를 해결하는 기획형 개발자로 성장하여, 회사의 기술적 도약에 일조하겠습니다.

입사후 포부: 회사와 함께 성장할 나의 로드맵

　입사 후 포부는 단순한 각오나 다짐이 아닌, 구체적인 실행 계획과 전략이 담긴 '성장 로드맵'으로 제시해야 한다. 이 항목은 회사에 대한 분석 없이 작성하면 추상적이고 모호한 내용에 그치기 쉽다. 따라서 지원 기업의 비전, 핵심 가치, 인재상, 중장기 목표, 현재 추진 중인 프로젝트 등을 면밀히 조사한 후, 자신의 역량과 경험이 어떻게 이들과 연결되는지를 분명하게 보여줘야 한다.

"최고의 인재가 되겠다"는 선언보다는, "귀사의 OOO 프로젝트에 OOO 기술을 적용하여 어떻게 기여하겠습니다"는 식으로, 구체적이고 단계적인 실현 계획을 서술하는 것이 더욱 효과적이다. 또한, 입사 후 회사에 기여하는 존재로 성장하겠다는 '비즈니스 파트너' 관점으로 접근하는 태도가 필요하다.

입사 후 포부 작성 전략 패턴

① 회사와 함께 실현하고 싶은 중장기 목표 제시
  예: "귀사의 '글로벌 스마트 제조 리더'라는 비전을 달성하는 데 기여하고자 합니다."

② 그 목표 달성에 있어 내가 담당하고 싶은 역할 정의
  예: "그중에서도 기술개발 부문에서 지속가능한 소재 연구를 주도하는 인재가 되고자 합니다."

③ 그 역할을 수행하기 위해 필요한 역량과 준비 계획 제시
  예: "신소재 특성 해석과 품질 검증 기술을 강화하기 위해 사내외 교육과 프로젝트 경험을 병행하며 전문성을 쌓겠습니다."

④ 개인의 다짐과 태도 강조
  예: "변화에 유연하게 대응하며, 문제 해결에 집중하는 주도적 태도로 조직과 함께 성장하는 인재가 되겠습니다."

🔍 자기소개서 예시(기술개발 직무 지원 / 입사 후 포부 중심)

저는 귀사의 '지속가능한 기술로 미래를 선도한다'는 비전을 실현하는 데 기여하는 연구개발 인재로 성장하고자 합니다.

특히, 최근 귀사가 추진 중인 친환경 소재 기반 전자부품 개발 프로젝트에 깊은 관심을 가지고 있습니다. 저는 학부 시절 진행한 고분자 신소재 기반 센서 개발 프로젝트를 통해 소재 분석 및 성능 검증 과정에 대한 경험을 축적한 바 있으며, 이러한 경험을 토대로 귀사의 연구 방향에 실질적인 기여를 할 수 있다고 확신합니다.

입사 후에는 사내 교육과 외부 세미나 등을 적극 활용하여 소재공학과 친환경 기술 분야의 전문성을 체계적으로 강화하겠습니다. 또한, 협업 역량과 프로젝트 관리 능력을 키워 중장기적으로는 연구개발 조직 내에서 프로젝트를 주도하는 역할까지 수행하겠습니다.

기술은 사람의 삶을 변화시킨다고 믿습니다. 저는 빠르게 변화하는 산업 환경 속에서도 도전과 성장을 멈추지 않으며, 귀사와 함께 가치를 만들어가는 기술인이 되겠습니다.

완성도 높은 자기소개서를 위한 마지막 점검

 한 취업 포털의 설문 조사에 따르면, 인사담당자의 82%는 '지원자의 서류상 기재 실수'가 평가에 부정적인 영향을 미친다고 응답하였다. '사소한 실수쯤은 괜찮겠지'라는 안일한 생각은 절대 금물이다. 정성들여 준비한 자기소개서가 단순한 실수로 인해 읽히지도 못한 채 탈락하는 사례는 예상보다 훨씬 많다. 아래는 인사담당자들이 꼽은 주요 실수 유형이다.

- **기업명, 지원 분야 등 핵심 정보를 잘못 기재한 경우**: 응답자의 19%는 실제로 기업명을 잘못 기재한 사례를 경험한 바 있으며, 이는 지원자에 대한 성의 부족 또는 무성의한 '묻지마 지원'으로 인식될 수 있다. 동일한 경험이나 사례를 활용하더라도, 자기소개서는 반드시 지원 기업과 직무에 맞게 새롭게 구성해야 한다. 이렇게 해야 실수를 줄일 수 있고, 맞춤형 서류로서의 완성도도 높일 수 있다.
- **자격 조건 미확인 및 양식 무시**: 채용 공고에 명시된 자격 요건을 제대로

확인하지 않은 채 무작정 지원하는 경우가 많다. 또한 기업에서 요구한 양식을 무시하거나, 사진 크기 등 세부 규정을 지키지 않는 행위 역시 감점 요인이 된다. 일상 사진을 잘라 제출하거나, 빈칸이 많다는 이유로 양식을 임의로 수정하는 행동은 불이익으로 이어질 수 있다.

- **맞춤법 및 문법 오류:** 자기소개서는 엄연한 비즈니스 문서이므로, 맞춤법, 문장 부호, 표현 등에 각별한 주의를 기울여야 한다. 특히 이모티콘이나 인터넷 용어의 사용은 자기소개서의 품격을 떨어뜨리며, 지원자의 기본 소양을 의심받게 할 수 있다. 격식을 갖춘 문장으로 신중하게 작성해야 한다.
- **질문 의도에 맞지 않는 자기소개서 작성:** '장점 및 단점'을 묻는 항목에 장점만 서술하거나, 단점을 억지로 끼워 맞춰 작성하는 경우는 진정성이 결여된 것으로 보일 수 있다. 기업은 단점 그 자체보다, 이를 어떻게 인식하고 극복해 나가려는지의 과정을 더욱 중요하게 평가한다. '실패 경험'을 묻는 질문 역시 단순히 사례를 나열하는 것이 아니라, 실패를 통해 무엇을 배우고 어떻게 성장했는지를 명확히 드러내야 한다.

신입 지원자의 경우 경력 사항이 비어 있더라도, 관련된 유사 경험을 적절히 연결하여 서술하는 것이 긍정적인 평가로 이어진다. 단, 직무와 무관한 내용을 억지로 끼워 넣는 것은 오히려 감점 요인이 될 수 있으므로 각별한 주의가 필요하다.

선택받는 자소서는
이렇게 쓰자

자기소개서는 단순히 자신의 이력이나 생각을 나열하는 글이 아니다. 이는 자신을 기업에 '선택받게' 만드는 전략적 문서이며, 채용의 첫 관문에서 강한 인상을 남겨야 할 핵심 도구이다. 아무리 화려한 스펙을 갖췄다 하더라도, 표현 방식이나 내용 구성에 미흡함이 있다면 서류 전형에서 탈락할 가능성이 크다. 다음은 인사담당자들이 공통적으로 지적한 자기소개서의 대표적인 실수 유형이다.

길고 긴 문장은 이제 그만! 단문으로 구체적인 경험을 제시한다

자기소개서 문장은 짧고 명확해야 한다. "~하고", "~하며", "~해서" 등의 연결어로 이어지는 장문은 오히려 문장의 핵심을 흐리게 만든다. 예를 들어, "대학 시절 학생회에서 다양한 활동을 했고, 2학기에는 단과대 학생회장이 되어 리더십을 키웠으며, 친구들과 농활을 할 때에는 역대 학생회 중 가장 체계적이었다는 평가를 받았다"는 식의 장문은 단문으로 나누어 정리해야 한다. 경험은 구체적으로, 문장은 간결하게 작성해야 독자의 이해도와 집중도를 높일 수 있다.

에피소드 모음집? 좋은 글 무작정 퍼오지 않는다

합격 사례를 참고하는 것은 도움이 되지만, 이를 그대로 따라 쓰는 것은 오히려 위험하다. 실제로 자주 발생하는 실수는 다음과 같다.

- 지원동기에는 높임말을 썼지만, 성장과정에는 반말을 사용한 경우
- 동일한 문장이 반복된 경우
- 지원 분야와 맞지 않는 내용을 그대로 붙여 넣은 경우

복사와 붙여넣기를 통해 작성된 자기소개서는 진정성이 결여되었다고 판단되어 감점 요소로 작용한다. 경험하지 않은 자원봉사나 국토대장정, 아르바이트 등을 과장하거나 허위로 작성할 경우, 면접 과정에서 검증되며 오히려 불이익으로 이어진다. 평범하더라도 본인의 진솔한 이야기와 생생한 경험을 중심으로 작성하는 것이 가장 설득력 있는 자기소개서가 된다.

스스로 무덤을 파지 않는다. 부정적인 표현은 지양한다

자기소개서는 자신이라는 브랜드를 기업에 소개하는 일종의 광고물이다. "싫어한다", "불가능하다", "자신 없다"와 같은 부정적인 표현은 사용하지 않는다. 단점이나 실패 경험을 서술할 때에는 반드시 개선 의지와 구체적인 극복 노력을 함께 제시해야 한다. 긍정적인 태도를 바탕으로 조직에 잘 적응할 수 있는 인재임을 강조하는 방향으로 문장을 마무리해야 한다.

십 년 전부터 똑같은 이야기? 진부한 표현은 이제 그만한다

"인자하시고 자상하신 아버지", "친구 같지만 엄하신 어머니"와 같은 진부한 표현은 더 이상 통하지 않는다. 이제는 성장 과정에서도 기업의 인재상과 연관된 구체적인 경험과 에피소드를 중심으로 서술해야 한다. 소재 선택에서 표현 방식까지, 인사담당자의 흥미를 이끌어 내고 '이 지원자에게 더 물어보고 싶다'는 인상을 줄 수 있도록 구성해야 한다.

법칙

5

면접,
나를 디자인하는 무대다

김정기

면접 유형별
효과적인 준비 전략

　면접은 취업을 향한 마지막 관문이다. 이 단계를 통과해야 비로소 취업에 성공할 수 있다. 최근 공정채용 문화가 확산되면서, 면접전형은 최종 합격 여부를 결정짓는 핵심 절차로 자리매김하고 있다.
　실제로 면접은 채용 과정에서 가장 중요한 단계이며, 다음과 같은 특징을 지닌다.
　첫째, 면접은 지원자의 말과 행동을 통해 직무 역량, 문제해결 능력, 커뮤니케이션 능력 등 실무에 필요한 역량을 직접적으로 확인할 수 있는 기회이다.
　둘째, 조직의 가치관과 문화에 부합하는 성향과 태도를 갖춘 인재인지를 판단하는 데 있어 가장 효과적인 수단이 된다.
　셋째, 서류만으로는 파악하기 어려운 허위 또는 과장된 정보를 검증하고, 지원자의 진정성과 신뢰성을 확인할 수 있는 절차이다.
　넷째, 태도, 눈빛, 말투와 같은 비언어적 요소를 종합적으로 관찰함으로써 인성, 책임감, 예의 등 인격적 요소까지 평가할 수 있다.

무엇보다 면접은 단순한 평가 절차를 넘어, 기업과 지원자가 서로를 이해하고 인상을 주고받는 상호작용의 장이라는 점에서 중요한 의미를 지닌다.

따라서 면접전형은 단순히 합격 여부를 가르는 절차를 넘어, 적합한 인재를 선발하고 채용 리스크를 예방하기 위한 결정적 과정이라 할 수 있다.

1) 면접유형

면접은 평가 요소와 진행 방식에 따라 유형이 나뉘며, 각 유형에 맞춘 준비가 필요하다. 크게 구술면접과 시뮬레이션 면접으로 구분된다.

- 구술면접은 면접관의 질문에 지원자가 답변하는 방식으로, 개인의 성격, 동기, 태도, 가치관 등을 평가한다. 대표적인 유형은 경험면접과 상황면접이다.
- 시뮬레이션 면접은 주어진 과제를 수행하는 과정을 통해 지원자의 문제해결력과 협업 능력을 평가한다. 발표면접, 토론면접, 역할연기, 서류함기법 In-Basket 등이 이에 해당한다.

2) 면접방식

면접 방식은 비구조화 면접에서 구조화 면접으로 변화하고 있다.

- 비구조화 면접은 질문이 정해져 있지 않으며 면접위원의 자유로운 질문으로 진행된다. 이로 인해 면접의 공정성과 타당성에서 차이가 발생할 수 있다.
- 구조화 면접은 평가 역량, 질문, 절차, 평가기준을 사전에 설정하여 모든

지원자에게 동일한 방식으로 적용한다. 이는 면접의 공정성과 평가의 일관성을 높이는 방식이다.

3) 면접운영
대부분의 기업은 1차와 2차 면접으로 평가를 진행한다.
- 1차 면접은 실무 전문가가 참여하는 직무역량 중심의 면접이며,
- 2차 면접은 임원진이 참여하는 인성 중심의 면접이다.

공공기관의 경우, 외부 면접관이 50% 이상 참여해야 한다는 규정을 통해 공정성을 높이고 있다.

4) 면접유형 특징 및 준비방법
면접형식은 일대다 또는 다대다 즉, 지원자 1명 대 면접관 3~5명, 지원자 3~5명 대 면접관 3~5명으로 면접조를 구성하여 운영한다. 면접 시간은 일대다 형식은 10~30분, 다대다 형식은 1개조에 부여되는 시간이 25~30분 정도 부여된다.

① **경험면접** Behavior Event Interview
　◆ **특징**
　경험면접은 '사람의 행동은 쉽게 변하지 않는다'는 전제를 바탕으로, 지원자가 과거에 실제로 겪었던 행동 경험을 바탕으로 질문하고 그 경험을 통해 직무 역량을 평가하는 면접 방식이다. 대표적인 질문으로는 "갈등을 해결했던 경험이 있나요?", "성과를 낸 사례

를 말해 주세요" 등이 있다.

📋 준비 전략

단순한 에피소드 나열이 아닌, S-T-A-R 구조 상황-과제-행동-결과를 활용해 답변을 구성하는 것이 중요하다. 경험은 직무와 연결된 내용을 중심으로 준비하고, 수치나 결과를 덧붙여 설득력을 높여야 한다.

② **상황면접** Situational Interview

◆ 특징

상황면접은 특정한 가상의 상황을 제시하고, 그 상황에서 어떻게 행동할 것인지를 묻는 방식이다. 지원자의 문제 해결 능력, 논리적 사고력, 대인관계 역량 등을 평가하는 데 활용된다.

📋 준비 전략

다양한 직무 상황을 사전에 가정하고, 논리적인 대응 시나리오를 준비하는 것이 핵심이다. 실제 경험이 있다면 연관지어 설명하고, 없다면 직무에 맞는 대응 방식과 이유를 명확하게 전달해야 한다. 포인트는 "왜 그렇게 생각했는가?", "그 행동의 결과는 어떤 영향을 줄 수 있는가?"를 설명하는 것이다.

③ **PT면접** Presentation Interview

◆ 특징

PT면접은 주어진 주제나 과제에 대해 자료를 분석하고 의견을 정리한 후 발표하는 방식이다. 지원자의 기획력, 논리력, 발표력, 설득력 등을 종합적으로 평가한다. 기업에 따라 사전 자료 제공형, 즉석 과제 수행형 등 다양한 형태로 진행된다.

📈 준비 전략

발표 구조는 서론-본론-결론으로 명확히 구분하며, 핵심 메시지는 3가지 이내로 정리하는 것이 좋다. 발표 후 이어지는 질문에 대비해 주장에 대한 근거, 한계, 반론 대응 방안을 준비해야 한다. 시선 처리, 말의 속도, 제스처 등 비언어적 전달력도 중요한 평가 요소이다.

④ **토의면접** Discussion Interview

◆ 특징

토의면접은 3~6명의 지원자가 한 조를 이루어 주어진 문제에 대해 자유롭게 의견을 나누고 결론을 도출하는 방식이다. 이는 지원자의 협업 능력, 소통 태도, 문제 해결력, 리더십 등을 평가하며, 정답보다 과정과 팀워크가 중요하게 평가된다.

📈 준비 전략

문제를 정확히 이해하고, 논리적이며 현실적인 아이디어를 제시하는 능력이 요구된다. 자기 의견을 명확히 표현하면서도, 타인의 의견을 경청하고 조율하는 태도가 중요하다. 단독 리더십보다 협력적 리더십, 독주보다는 요약과 조율 능력이 더 높은 평가를 받을 수 있다.

⑤ 인성면접(Personality Interview)

◆ 특징

인성면접은 지원자의 성격, 가치관, 태도, 조직 적응력을 평가하기 위한 면접이다. 단순히 직무 능력만을 묻는 것이 아니라, "이 사람이 우리 조직에 잘 녹아들 수 있을까"를 판단하는 것이다.

준비 전략

스스로의 성격, 일하는 방식, 협업 태도 등을 돌아보고, 이를 직무나 조직문화와 연결하여 설명하는 연습이 필요하다. 정형화된 모범답안을 외우기보다는, 자신만의 구체적인 경험을 바탕으로 진솔하게 말하는 것이 신뢰를 높인다. 특히 갈등이나 실패와 같은 민감한 질문에는 방어보다는 성찰과 개선의 노력을 중심으로 담담하게 설명하는 자세가 필요하다. 인성면접은 '완벽한 사람인가'가 아니라, '성장할 수 있는 사람인가'를 평가하는 면접이다.

⑥ AI면접(AI Interview)

◆ 특징

AI면접은 인공지능이 지원자의 음성, 표정, 시선, 언어 사용, 응답

시간 등을 분석해 평가하는 비대면 면접이다. 지원자는 컴퓨터 앞에서 질문에 대한 답변을 녹화하거나, 게임형 테스트를 통해 인지 능력과 사고력을 보여주게 된다. 시스템은 이를 바탕으로 의사소통 역량, 감정 조절, 조직 적합도 등을 분석한다.

📊 준비 전략

안정적인 인터넷 환경, 카메라 각도, 조명, 마이크 상태 등 기술적 환경을 사전에 점검해야 한다. 정면 응시와 또렷한 발음, 카메라 렌즈를 바라보며 말하는 습관이 기본이다. 답변은 1분 이내로 구성하되, 핵심 메시지를 명확히 전달해야 한다. AI는 과장된 표정보다 자연스럽고 일관된 감정을 긍정적으로 평가하므로, 담백한 태도가 유리하게 작용한다. 게임형 테스트는 단순한 오락이 아니라 집중력, 순발력, 패턴 인식 등을 평가하는 도구이므로, 유사한 모의 테스트로 사전 연습하는 것이 바람직하다.

실패하지 않으려면 질문에 '주도권'을 잡자

면접에서 실패하는 지원자들의 공통점은 질문에 대한 '주도권'을 놓쳤다는 것이다. 질문에 휘둘리지 않기 위해서는 철저한 준비, 명확한 표현, 안정된 태도, 그리고 기업과의 정합성을 갖춘 자기 스토리가 필요하다. 아래는 면접 실패 유형별 특징과 그에 대한 대응 전략이다.

준비 부족형

면접에서 가장 흔하게 실패하는 유형은 준비 부족이다. 기업 정보나 직무에 대한 이해 없이 면접에 임하면, 지원자는 회사에 대한 관심과 진정성이 부족하다는 인상을 주게 된다.

기본적인 준비가 되어 있지 않은 경우, 자기소개, 지원 동기, 희망 직무, 마지막 하고 싶은 말과 같은 기본 질문에도 명확한 답변을 하지 못하게 되며, 이는 지원자의 능력과 태도 전반에 대한 신뢰를 잃는 결과로 이어진다.

  대응 전략은 면접 전 반드시 기업 홈페이지, 최근 뉴스, 채용 공고 내 직무 설명서를 철저히 분석하고,

- 회사의 강점과 개선점
- 최근 이슈나 관심 사항
- 직무의 주요 과업
- 1분 자기소개, 지원 동기, 마지막 하고 싶은 말 등

기본 질문에 대해 자신만의 생각과 언어로 명확하게 준비해야 한다. 면접관에게 지원자의 진정성과 준비성을 분명히 전달할 수 있어야 한다.

표현 부족형

  표현력이 부족해 답변이 막연하거나 모호한 경우도 자주 발생한다. 예를 들어 "문제 해결 경험을 말해주세요"라는 질문에 "저는 항상 문제를 잘 해결하려 노력했습니다"처럼 구체적인 사례 없이 추상적으로 답하는 경우이다.

  이처럼 구체성이 떨어지는 답변은 지원자의 실제 역량을 확인하기 어렵게 만들며, 여러 경험을 나열하거나 표정 없이 기계적으로 답변하는 경우에는 자신감 부족 또는 암기한 답변이라는 부정적 인상을 줄 수 있다.

대응 전략은 면접을 발표가 아닌 '대화'로 인식하는 데서 시작된다. 하나의 사례를 중심으로 S상황-A행동-R결과 구조에 따라 답변을 구성하고, 그 결과가 자신에게 어떤 영향을 주었는지까지 이야기로 풀어내는 연습이 필요하다. 구체적이고 진정성 있는 표현이 신뢰를 만든다.

과잉 표현형

표현이 지나쳐 오히려 신뢰를 잃는 경우도 있다. "팀 프로젝트에서 거의 모든 일을 제가 주도했습니다", "이 프로젝트가 성공한 건 사실상 저 혼자 덕분입니다"와 같이 공을 독점하거나 자신을 과도하게 부각시키는 표현은 부정적인 평가를 유발할 수 있다.

또한 질문 의도에서 벗어나 무관한 이야기를 장황하게 늘어놓는 것도 집중력을 떨어뜨리고 신뢰를 낮추는 요소가 된다.

대응 전략은 사실에 근거하여 짧고 명확하게 핵심을 전달하는 것이다. 성과를 말할 때도 "팀과 협업하여 ○○한 결과를 도출했다"처럼 공동성과를 강조하고, 핵심만 간결하게 전달한 뒤 추가 질문이 있을 때 상세히 설명하는 것이 바람직하다.

태도 문제형

태도로 인해 면접에서 감점을 받는 경우도 많다. 곤란한 질문에 얼굴을 굳히거나 방어적으로 답변하는 모습, 허리를 구부정하게 앉거나 눈을 피하는 행동, 불필요한 손짓 등은 모두 신뢰를 떨어뜨리는 요인이 된다. 또한 무성의한 어조나 무표정한 얼굴도 면접관에게 부정적인 인상을 준다.

대응 전략은 어떤 질문에도 경청의 태도를 유지하고 침착하게 대응하는 것이다. 질문을 받을 때는 눈을 맞추고 의도를 정확히 파악한 뒤, 겸손하고 성실한 태도로 대답해야 한다. 특히 감정적인 반응이나 공격적인 어투는 절대 금물이며, 어려운 질문일수록 더욱 차분한 태도가 중요하다.

매칭 실패형

기업 문화나 직무와 지원자의 방향성이 어긋나는 경우에도 면접 실패로 이어질 수 있다. 빠른 의사결정과 변화를 요구하는 기업에 지원했음에도 "저는 체계적인 프로세스 안에서 천천히 일하는 것을 선호합니다"라고 답변할 경우, 기업 문화와의 부적합하다는 평가를 받을 수 있다.

또한 직무 역량과 지원자의 경험이 일치하지 않는 경우도 실패 요인이 된다. 예컨대 영업직에 지원한 지원자가 "저는 사람을 만나는 것보다 데이터 분석을 더 좋아합니다"라고 말하면, 해당 직무와의 적합성이 떨어진다고 판단될 수 있다.

대응 전략은 사전에 해당 기업의 미션, 비전, 인재상, 직무의 핵심 역량을 충분히 분석한 뒤, 자신의 경험과 가치관을 그 방향성과 연결하여 설득력 있게 설명하는 것이다. 만약 부족한 역량이 있다면 이를 솔직히 인정하고, "이를 보완하기 위해 ○○을 학습하고 있으며, ○○ 실습을 진행 중입니다"처럼 구체적인 보완 노력을 강조함으로써 성장 가능성을 설득해야 한다.

면접에서 실패를 예방하려면 다음 네 가지를 반드시 갖추어야 한다.

첫째, 준비된 자신감,
둘째, 구체적 경험 중심의 답변,
셋째, 안정감 있고 적극적인 태도,
넷째, 기업과 직무에 적합한 자기 스토리이다.

결국 면접은 '말을 잘하는 자리'가 아니라, 질문의 의도에 맞게 자신의 경험을 바탕으로 자연스럽게 전달하는 과정임을 잊지 말아야 한다.

면접에서
질문을 주도하는 방법

질문을 주도한다는 것은 무엇인가?

면접은 기본적으로 면접관이 질문하고, 지원자가 답변하는 구조로 이루어지는 대화 형식이다. 그러나 주도적인 지원자는 단순히 질문에 끌려가는 사람이 아니라, 자신의 경험과 강점을 바탕으로 답변의 흐름을 능동적으로 이끌어가는 사람이다.

질문을 주도한다는 것은 면접관의 질문을 수동적으로 받아들이는 것이 아니라, 그 질문을 계기로 내가 준비한 핵심 경험을 중심으로 내용을 확장하거나 방향을 전환하는 기술을 발휘하는 것을 의미한다.

이는 단순히 말을 잘하는 능력과는 다르다. 질문의 의도에 맞게 자신의 이야기를 유기적으로 연결하고, 면접관의 궁금증을 유도하며 대화를 능동적으로 전개하는 역량이다. 면접관은 이러한 지원자에게서 주도성, 논리적 사고력, 커뮤니케이션 능력, 자기 이해도를 동시에 확인할 수 있으며, 이는 곧 면접의 질 향상과 긍정적인 평가로 이어진다. 질문을 주도한다는 것은 '내가 말하고 싶은 이야기'를 면접관이 '듣고 싶어지도록' 만드는 능력인 것이다.

나의 경험으로 질문을 주도하는 3단계 방법

① 내 경험을 명확히 구조화한다

질문을 주도하기 위해 가장 먼저 해야 할 일은 자신의 경험을 명확히 정리하는 것이다. 아무리 질문 유도 기술이 뛰어나더라도, 전달할 '내용'이 준비되지 않았다면 효과는 제한적일 수밖에 없다. 특히 면접에서 자주 활용되는 S-A-R-L 구조(상황-행동-결과-배운 점)를 기반으로 경험을 정리해두면, 어떤 질문에도 핵심 메시지를 유연하게 연결할 수 있다.

이 구조는 단순한 에피소드 나열을 넘어, 면접관이 궁금해할 수 있는 맥락-역할-성과-성장의 흐름을 자연스럽게 전달하도록 도와준다. 또한 하나의 경험을 다양한 각도(예: 갈등 경험, 성취 경험, 실패 경험 등)에서 재구성하여 활용할 수 있다는 점도 큰 장점이다. 질문을 주도한다는 것은, 면접관의 질문을 내가 준비한 메시지를 전달할 수 있는 기회로 전환시키는 일이며, 그 출발점은 언제나 정돈된 경험의 스토리라인에 있다.

② 답변에 "넓게 확장할 수 있는 연결고리"를 심는다

답변을 짧게 끝내기보다는, 경험을 설명한 후 다음 주제를 자연스럽게 유도할 수 있는 연결 문장을 덧붙이는 것이 좋다. 이러한 방식은 면접관의 추가 질문을 유도함으로써 대화 흐름의 주도권을 확보할 수 있다.

"이 과정에서 협업의 중요성을 느꼈고, 이후 다른 프로젝트에서도 이를 적극 활용했습니다."라고 말하면, 면접관은 자연스럽게 "그 이후 프로젝트에서는 어떤 일이 있었나요?"와 같은 질문을 던지게 된다.

이처럼 답변에 연결고리를 심는 전략은 지원자가 원하는 방향으로 면접의 흐름을 이끄는 효과적인 방법이다.

③ 면접관의 질문 의도를 읽고, 내 경험을 질문과 연결한다

모든 면접 질문에는 숨겨진 의도가 있다. 표면적으로는 단순한 정보 요청처럼 보일 수 있지만, 그 질문 안에는 지원자의 역량, 태도, 가치관을 확인하려는 목적이 담겨 있다. 따라서 질문의 표면적인 의미에만 머물지 말고, 그 이면에 담긴 의도를 파악한 뒤, 자신이 준비한 경험 중 가장 적절한 사례를 연결해 답변하는 기술이 필요하다.

💡 실전에서 활용하는 팁: 핵심만 말하고, 추가 질문을 유도한다

면접에서 모든 것을 한 번에 설명하기보다는, 핵심적인 성과나 사실만 간결하게 전달하고, 면접관이 궁금하도록 여백을 남기는 전략이 더 효과적이다. 이러한 방식은 지원자가 대화의 흐름을 주도할 수 있는 기회를 만든다. 아래는 그런 기법을 활용한 대표적인 예시들이다.

🔍 예시1. 성과 중심으로 핵심만 말하기

"작년 하반기, 팀을 리드하며 신규 매출을 35% 증가시킨 프로젝트를 진행했습니다."

이 짧은 한 문장만으로도 면접관은 "어떤 방식으로 매출을 올렸지?",

"무슨 제품이었나?", "팀 규모는 어땠을까?"와 같은 추가 질문을 던질 수밖에 없는 구조가 된다. 숫자와 결과만 제시하고 '과정'을 의도적으로 생략하면, 자연스럽게 면접관의 호기심을 자극할 수 있다.

🔍 예시2. 문제 해결 경험을 간결하게 던지기

"고객 클레임이 한 달간 누적되던 상황에서, 단독으로 95% 이상을 해결했던 경험이 있습니다."

이 짧은 문장 하나로도 면접관은 "어떻게 해결했을까?", "어떤 대응 방식을 썼지?"와 같은 후속 질문을 하게 된다. 이때 지원자는 미리 준비해 둔 STAR 방식의 구체적인 경험 스토리를 자연스럽게 풀어내면 된다.

성과는 숫자와 결과 중심으로 간결하게 말하는 것이 바람직하다. 방법과 과정은 의도적으로 생략하고 여백을 남기고, 의미와 회고는 간단한 정리로 마무리하여 질문을 유도한다.

말을 줄이는 것이 오히려 면접의 말문을 여는 전략이 될 수 있다. 말을 덜어내되 궁금증을 이끄는 능력을 키우는 것이 관건이다. 이처럼 말을 아끼는 것이 오히려 말문을 여는 전략이 될 수 있다. 말을 줄이되 궁금증을 유도하는 방식으로 면접을 이끄는 능력을 연습해 보길 바란다.

질문을 주도하는 지원자는 어떻게 다르나?

질문을 주도하는 지원자는 단순히 질문에 답하는 사람에 머무르지 않는다. 자신의 핵심 경험을 중심으로 면접의 흐름을 설계하고 이끄는 사람이다. 이들은 다음과 같은 특징을 지닌다.

- 답변이 구체적이고 일관성이 있다.
- 이야기 속에 다음 질문의 단서를 심어둔다.
- 면접관이 자연스럽게 더 궁금해지도록 만든다.
- 자신감과 논리성이 무리 없이 전달된다.

결국 질문을 주도하는 능력은 면접을 "평가받는 자리"에서 자기 자신을 제안하는 무대로 바꾸는 힘이 된다.

면접은 단순히 질문에 답하는 시험이 아니다. 이는 나의 가치와 경험을 설계하고 표현하는 가장 전략적인 자기 PR의 시간이다. 면접에서 성공하기 위해서는 질문에 끌려가지 않고, 내가 준비한 이야기로 면접의 흐름을 주도해야 한다.

이를 위해서는 경험은 구조화되어야 하고, 말은 간결하되 질문을 유도해야 하며, 태도는 자신감과 겸손을 함께 품어야 한다. 면접은 나를 포장하는 시간이 아니다. 나를 디자인하고 제안하는 시간이다.

나의 이야기를 중심으로, 질문이 요구하는 역량과 경험을 유기적으로 연결해야 한다. 그 순간, 면접은 당신이 주인공이 되는 무대가 될 것이다.

법칙
6

내 이야기를
'직무 중심 스토리'로 엮어라

도하준

STAR 기법을 넘어, 문제해결형 스토리라인 설계법

문제 정의에서 스토리가 시작된다

"자기소개서에 쓸 게 없어요."

취업을 준비하는 많은 이들이 가장 먼저 꺼내는 말이다. 특별한 인턴 경험도 없고, 동아리 회장도 해본 적 없고, 어학 성적 외에 내세울 것이 없다고 생각한다. 하지만 정말 중요한 질문은 그게 아니다. 무엇을 했는가가 아니라, 어떤 문제를 해결해본 적이 있는가. 그것이야말로 스토리의 출발점이다.

스토리는 항상 문제에서 시작된다. 단지 어떤 상황이었는지를 서술하는 것으로는 충분하지 않다. 오히려 '그 상황 속에서 무엇이 문제였고, 그 문제를 어떻게 정의했는가'에 따라 스토리의 질은 전혀 달라진다. 갈등이 있었는가? 예기치 않은 상황이 벌어졌는가? 누군가의 요구와 나의 입장이 충돌했는가? 바로 그 순간이 당신의 이야기가 시작되는 지점이다.

대부분의 취준생들은 다음과 같은 문장으로 자기소개서를 시작한다.

"저는 동아리 회장을 맡아 팀원들과 함께 축제를 성공적으로 개최한 경험이 있습니다."

표현은 깔끔하다. 하지만 이 문장에서 독자의 마음을 사로잡을 요소는 많지 않다. 왜냐하면 그 상황 속에 '갈등'이나 '문제'가 드러나지 않기 때문이다. 독자는 묻게 된다. 그 과정에서 어떤 일이 있었고, 당신은 어떤 판단을 내렸으며, 어떻게 상황을 변화시켰는가?

이 문장을 이렇게 바꿔보자.

"축제를 준비하던 중, 팀원 간 역할 분담의 불균형으로 일부 인원이 이탈하는 상황이 발생했습니다. 회장으로서 팀의 결속을 회복하고 행사를 완성도 높게 마무리하기 위한 대응이 필요했습니다."

이 문장은 시작부터 '문제'를 전면에 드러낸다. 그리고 독자의 관심을 끌어당긴다. '이 상황을 어떻게 해결했을까?'라는 질문이 자연스럽게 따라오게 된다. 독자가 궁금해지는 순간, 스토리는 힘을 얻는다.

문제를 정의한다는 것은 단지 불편한 상황을 묘사하는 것이 아니다. 그 문제의 본질을 정확히 인식하고, 왜 그것이 중요한 문제였는지를 설명하는 것이다. 즉, 그 문제를 어떻게 바라보았는가를 통해, 당신의 사고방식과 일하는 태도를 보여주는 것이다.

같은 아르바이트 경험이라도 이렇게 표현할 수 있다.

"저는 카페 아르바이트를 하며 항상 고객을 친절하게 응대했습니다."

이 문장은 무난하다. 그러나 무난하다는 말은 곧, 기억되지 않는다는 뜻이기도 하다.

반면에,

"고객 대기 시간이 길어진다는 불만이 반복적으로 발생하자, 직원 간 동선을 분석해 동료들과 역할을 재조정했습니다. 그 결과, 평균 응대 시간을 20% 단축시킬 수 있었습니다."

이 문장은 단순한 일상 경험이 '문제 인식-해결 시도-성과 도출'이라는 서사 구조를 갖게 된다. 이 안에는 문제를 정의하고, 분석하고, 협력하여 변화시킨 흔적이 담겨 있다. 그리고 이 구조는, 실제 기업에서 일을 수행할 때의 과정과도 유사하다.

문제 정의가 중요한 이유는 하나다. 그것은 당신이 문제를 피하는 사람이 아니라, 직면하고 해결해본 사람이라는 것을 증명하는 지점이기 때문이다. 기업은 스펙보다 태도를 본다. 어떤 태도인가? 문제를 직시하고, 해결을 시도하는 태도. 그러한 태도는 곧, 직무 적합성과도 직결된다.

이제 자기소개서를 쓸 때, 면접에서 사례를 말할 때, 질문을 바꿔보자. '내가 어떤 활동을 했는가?'에서 '그때 나는 어떤 문제를 정의했고, 왜 그것이 중요했는가?'로.

이 질문 하나만 바꿔도 스토리의 무게가 달라진다. 그 무게는, 지원자를 단순한 이력서 속 존재에서 '일을 이해하고 해결할 줄 아는 사람'으로 만들어준다.

행동보다 사고의 흐름을 보여줘라

취업준비생들이 자기소개서를 쓸 때, 또는 면접에서 사례를 말할 때, '무엇을 했는지'를 강조한다.

"제가 직접 기획하고 실행했습니다."

"제가 앞장서서 추진했습니다."

"제가 적극적으로 참여했습니다."

이런 표현은 흔하지만, 동시에 단편적이다. 어떤 행동을 했다는 정보만으로는, 왜 그런 행동을 했고, 어떻게 그런 판단을 내렸으며, 무엇을 고려했는지를 알 수 없다. 기업이 궁금한 건 바로 그 지점이다. 행동 이면의 사고 흐름, 즉 '왜 그렇게 했는가'라는 당신만의 인지적 판단 과정이다.

실제 기업에서 일어나는 일은 대부분 매뉴얼대로 흘러가지 않는다. 예측할 수 없는 상황에서 중요한 것은 지시대로만 움직이는 능력이 아니라, 상황을 분석하고 해석하여 자신만의 판단을 내리는 힘이다. 그리고 그것은 말 속에서, 글 속에서 드러난다.

아래 두 가지 표현을 비교해보자.

"팀 프로젝트에서 저는 중간 발표 자료를 맡아 열심히 준비했습니다."

이 문장은 단순한 '사실'만 전달된다. 누가, 언제, 무엇을 했는가. 그뿐이다.

하지만 다음과 같이 표현하면 어떨까.

"중간 발표를 앞두고 팀원들의 의견이 분산되어 핵심 메시지가 정리되지 않는 상황이었습니다. 발표자로서 저는 청중의 이해를 기준으로 콘텐츠를 재배열하고, 메시지를 하나로 정리하는 데 집중했습니다. 자료 구성보다 설득 흐름이 중요하다고 판단했기 때문입니다."

같은 행동이라도, 이 문장에는 사고의 흐름이 담겨 있다. 어떤 문제가 있었고, 그것을 어떻게 바라보았으며, 어떤 판단을 통해 행동을 선택했는지, 그 일련의 과정이 서사처럼 자연스럽게 이어진다. 이 사고의 흐름이야말로, 기업이 가장 관심을 가지는 포인트다.

면접에서도 마찬가지다. 단순한 에피소드 나열보다 더 중요한 것은 '왜 그렇게 판단했는가'를 명확히 설명하는 능력이다. '제가 리더 역할을 했습니다'가 아니라, '구성원의 이탈이 반복되자, 원인이 팀 내 정보 불균형이라는 판단을 내렸고, 그에 따라 회의 방식을 바꿨습니다'라는 식의 설명이 기억에 남는다.

기업은 정답을 찾는 사람이 아니라, 사고의 과정을 설계할 줄 아는 사람을 채용한다. 생각의 흔적이 보이는 사람, 말과 글 안에 '인지-판단-행동'의 구조가 녹아 있는 사람. 그런 사람은 어떤 문제 앞에서도 유연하게 대응할 수 있다고 믿기 때문이다.

그렇다면 자기소개서나 면접에서 우리는 어떤 이야기를 해야 할까? 결론은 간단하다. 무엇을 했는지를 나열하는 데 멈추지 말고, 그 행동을 하게 된 판단 기준과 의사결정 흐름을 함께 설명하라. 그리고 그 흐름이 당신만의 사고 패턴임을 보여줘야 한다.

즉, 다음과 같은 흐름이다.

- 어떤 상황이었는가
- 무엇이 문제였는가
- 나는 무엇을 관찰했는가
- 나는 어떤 기준으로 판단했는가
- 그래서 어떤 행동을 선택했는가
- 결과보다, 그 과정에서 무엇을 배웠는가

이 구조를 기반으로 스토리를 풀면, 단순한 스펙이 '사고력 기반 경험'으로 재탄생하게 된다. 그리고 그 스토리는 당신을 '단순히 일한 사람'이 아닌, '일을 해석할 줄 아는 사람'으로 만들어준다.

결과보다 '통찰'을 남겨라

대부분의 취준생들은 자기소개서나 면접에서 '성과'라는 단어에 집착한다.
"매출을 20% 증가시켰습니다."
"공모전에서 최우수상을 받았습니다."
"조회 수 1만 회를 넘긴 콘텐츠를 만들었습니다."
물론 이런 결과는 의미 있다. 하지만 그 자체만으로는 충분하지 않다. 왜냐하면 결과는 숫자일 뿐이고, 숫자는 당신이 누구인지를 말해주지 않기 때문이다. 더 중요한 건 그 과정을 통해 무엇을 깨달았고, 어떤 방식으로 스스로를 성장시켰는가이다.
결과는 객관적 기록이지만, 통찰은 주관적 해석이다. 기업은 단지 결과를 뽐내는 사람이 아니라, 경험 속에서 본질을 읽어내는 사람을 찾는다. 그리고 그 본질을 자신의 언어로 설명할 수 있는 사람, 그 사람에게 기회가 돌아간다.
"저는 동아리 홍보 팀장으로서 SNS 콘텐츠를 제작해 팔로워 수를 3배로 늘린 경험이 있습니다."
결과 중심의 이야기다. 성과는 명확하지만, 이 이야기를 듣는 사람은 묻게 된다.

'그런 결과를 만들어낸 과정에서 무엇을 배웠나요?'

'그 경험이 지금 당신에게 어떤 의미로 남아 있나요?'

이 질문에 답하지 못한다면, 아무리 좋은 결과도 공허하게 들릴 수 있다.

이 문장을 다음과 같이 바꾸어 보자.

"처음에는 콘텐츠 아이디어가 제 기준으로만 구성되어 반응이 좋지 않았습니다. 그 원인을 분석하며 타깃 독자의 관심사를 체계적으로 조사했고, 피드백을 반영해 커뮤니케이션 방식 자체를 조정했습니다. 그 과정을 통해 저는 '소통은 전달이 아니라 수용자 중심 설계'라는 관점을 얻게 되었습니다."

이 서술에는 '성과'가 사라진 것 같지만, 실제로는 훨씬 강한 인상을 준다. 왜냐하면 이 경험 속에는 실패 → 분석 → 시도 → 깨달음이라는 흐름이 내재되어 있기 때문이다. 그리고 그 깨달음은 다시 다음 행동으로 연결될 가능성을 예고한다. 이것이 바로 기업이 원하는 사람, 즉 '학습 가능한 사람'의 서사다.

결과 중심 스토리는 과거에 머무르지만, 통찰 중심 스토리는 미래로 확장된다. '성과를 냈다'는 말은 거기서 멈추지만, '이 경험을 통해 이런 방식으로 성장할 수 있었다'는 말은, 지원자가 앞으로 어떤 사람으로 일할지를 상상하게 만든다.

그렇다면 자기소개서나 면접에서 어떤 질문을 스스로에게 던져야 할까?

"이 경험이 내게 남긴 가장 중요한 교훈은 무엇이었나?"

"이 일을 다시 한다면 나는 무엇을 다르게 할까?"

"이 경험이 나의 가치관이나 일하는 방식에 어떤 영향을 주었나?"

이러한 질문은 경험을 '이야기'가 아니라 '자기 해석의 도구'로 바꿔준다. 그리고 그것은 단지 채용을 위한 이야기를 넘어, 스스로를 이해하고 성장시키는 진짜 스토리가 된다.

결국, 자기소개서와 면접은 당신이 어떤 결과를 만들었는지를 묻는 자리가 아니라, 그 결과를 어떻게 해석하고 앞으로의 가능성으로 연결 짓는지를 보여주는 자리이다. 결과보다 통찰을 말하라. 그것이 진짜 당신을 드러내는 방법이다.

경험들을 하나의 직무 중심 내러티브로 엮는 방법

경험의 조각을 하나의 직무 가치로 묶어라

"경험은 많은데, 어떻게 써야 할지 모르겠어요."

취업을 준비하는 과정에서 가장 많이 듣는 말 중 하나다. 공모전, 아르바이트, 동아리, 팀 프로젝트, 인턴, 봉사활동까지. 이력서는 채워졌지만, 자기소개서를 쓰려고 하면 막막하다. 서로 다른 경험들이 연결되지 않기 때문이다.

그 이유는 단순하다. 경험을 '이야깃거리'로만 바라보았기 때문이다. 하지만 자기소개서에서 경험은 단지 나열하는 것이 아니라, 의미 있게 엮어내야 하는 서사적 구조이다.

그렇다면 어떻게 해야 경험들이 하나의 메시지로 연결될 수 있을까? 바로 직무 가치를 중심으로 묶는 것이다.

직무 가치는 '해당 직무를 수행하는 데 있어 핵심이 되는 태도나 능력'이다. 예를 들어, 마케팅 직무라면 '문제 해결력, 설득력, 소비자 이해력' 등이 주요 가치일 수 있고, 연구개발 직무라면 '탐구력, 실험 분석력, 협업을 통한 검증' 등이 중요할 수 있다.

그렇다면 내가 해온 경험들을, 이런 직무 가치 중 하나를 중심으로 재구성해보자.

A학생은 카페 아르바이트, 팀 프로젝트 발표, 지역 박람회 자원봉사 등 다양한 경험이 있다.

이걸 단순히 나열하면 각각의 경험은 각각의 '소리'로 끝난다. 하지만 "저는 커뮤니케이션 역량을 중심으로 다양한 환경에서 협업해본 경험이 있습니다"라고 시작하면, 그 순간 모든 경험은 하나의 '음악'처럼 이어진다.

- 카페 아르바이트에서는 고객 불만을 중재하며 감정 조율을 경험했고,
- 팀 프로젝트에서는 역할 갈등 속에서 공정한 분담과 설득을 이끌었으며,
- 박람회 자원봉사에서는 외부 이해관계자와의 소통 경험을 통해 현장 대응력을 길렀다.

각각의 경험은 다르지만, 모두 '의사소통 능력'이라는 축을 중심으로 연결된다. 이처럼 공통된 직무 가치를 중심으로 경험을 묶으면, 그 자체가 하나의 내러티브가 된다.

기업이 자기소개서에서 보고 싶은 건
'당신이 얼마나 많은 경험을 했는가'가 아니다.
'당신의 경험들이 어떤 일관된 태도와 가치 아래 연결되어 있는가'
이다.

그 연결이 곧, 당신이 그 직무에 적합한 사람FIT한 인재이라는 증거이기 때문이다.

여기서 중요한 것은,

'경험 → 가치'가 아니라, '가치 → 경험'의 순서로 접근해야 한다는 점이다.

1단계. 내가 지원하는 직무의 핵심 가치는 무엇인가?
2단계. 그 가치가 드러났던 나의 경험은 어떤 것이 있는가?
3단계. 그 경험을 어떻게 연결하면 자연스러운 흐름이 만들어지는가?

이 구조를 따라 글을 쓰면, 자신의 경험을 이야기하면서도 동시에 '나는 이 직무에 필요한 태도를 이미 갖춘 사람이다'라는 메시지를 자연스럽게 전달할 수 있다.

이제는 단지 '많이 해본 사람'이 아니라, '일관되게 생각하고, 연결할 줄 아는 사람'이 되는 것. 그것이 경험의 조각들을 직무 중심 내러티브로 엮는 가장 효과적인 전략이다.

직무 키워드를 중심으로 경험을 재해석하라

좋은 자기소개서는 이미 존재하는 경험에서 새롭게 의미를 길어 올린다. 그리고 그 의미는 '나의 이야기'로만 머무르지 않는다. 기업이 찾고 있는 가치, 즉 직무가 요구하는 역량과 자연스럽게 연결되는 방식으로 해석될 때, 비로소 그것은 채용 문서가 된다.

이때 가장 중요한 것이 바로 '직무 키워드'다. 직무 키워드는 해당 직무가 필요로 하는 핵심 역량과 행동 태도를 말한다. 예를 들어, 영업 직무라면 '관계 형성력', '설득력', '데이터 기반 제안력' 등이 있을 수 있고,

인사 직무는 '정책 이해력', '커뮤니케이션 조율 능력', '조직문화 감수성' 등이 될 수 있다.

이 키워드를 중심으로 자신의 경험을 다시 들여다보면, 겉보기엔 평범한 활동도 직무와 연결되는 새로운 의미를 갖게 된다.

"학과 행사에서 총무 역할을 맡아 예산을 관리한 경험이 있습니다."

이 문장만 놓고 보면 단순한 역할 설명이다.

하지만 이 경험을 회계직무 관점에서 해석하면 이렇게 바뀔 수 있다.

"한정된 예산 내에서 가장 효과적인 지출 구조를 설계하기 위해 유사 행사의 데이터와 비용 항목을 비교 분석했습니다. 이 과정에서 '숫자'보다 '구조'를 먼저 파악하는 역량이 중요하다는 것을 배웠고, 그것이 제 회계 업무에 대한 관심으로 이어졌습니다."

표현을 바꾼 것이 아니다. 해석의 방향을 바꾼 것이다. 우리는 종종 '내 경험이 부족하다'고 생각한다.

하지만 경험이 없는 것이 아니라, 직무 키워드로 경험을 다시 읽어본 적이 없었던 것일 뿐이다.

이 작업은 곧, 기업 입장에서 당신의 이야기를 다시 구성하는 훈련이다. '나는 이런 활동을 했다'는 표현을 '이 활동을 통해 이 직무에 필요한 역량을 훈련했다'는 메시지로 바꾸는 것. 이것이 바로 경험의 리프레이밍이다.

그렇다면 구체적으로 어떤 순서로 이 작업을 할 수 있을까?

1단계. 지원할 직무를 리서치한다.
- 채용공고, 직무기술서JD, 선배 인터뷰 등을 통해 그 직무에서 요구하는 키워드를 추출한다.
- 예: 문제 해결, 분석력, 대인 커뮤니케이션, 자기주도성 등

2단계. 각 키워드에 부합하는 나의 경험을 떠올린다.
- 활동의 규모나 공식성이 중요한 게 아니다.
- 동아리, 팀플, 아르바이트, 개인 프로젝트도 모두 가능하다.

3단계. 해당 키워드를 중심으로 경험을 재서술한다.
- 경험 자체보다, 그 안에 녹아 있는 사고방식, 태도, 행동의 일관성을 강조한다.

이 과정을 반복하다 보면, 이력서에 적은 한 줄의 활동도 면접에서 3분 동안 강하게 각인될 수 있는 '직무 연계 스토리'가 된다.

지원 직무에 맞춰 내 경험을 바꾸는 것이 아니다. 내 경험의 가치를 그 직무가 요구하는 키워드를 통해 더 분명하게 조명하는 작업이다. 이러한 해석 능력은 결국, '나는 일의 본질을 이해하는 사람입니다'라는 메시지를 완성시켜 준다.

스토리의 시작과 끝을 직무 적합성으로 닫아라

좋은 이야기는 시작보다 끝이 강하다. 자기소개서나 면접에서 아무리 좋은 경험과 통찰을 담았더라도, 마지막 문장이 흐릿하다면 그 인상은 쉽게 잊힌다. 결국, 모든 스토리는 '그래서 당신은 이 직무에 어떤 사람인가요?'라는 직무 적합성FIT의 메시지로 귀결되어야 한다.

우리는 흔히 '내가 한 이야기로 무엇을 말하고 싶은지'를 잊고 경험의 나열에만 집중하게 된다. 하지만 기업은 단지 당신이 어떤 일을 해왔는지보다, 그 경험을 통해 이 일을 잘할 준비가 되어 있는지를 알고 싶어 한다.

어떤 지원자가 이렇게 말한다.

"저는 아르바이트 경험을 통해 다양한 사람들과 소통하는 법을 배웠습니다."

이 문장은 아쉽다. 경험은 분명히 있으나, 그것이 왜 지금 이 직무에 적합한 역량인지가 빠져 있다.

만약 이 문장을 다음과 같이 정리하면 어떨까?

"다양한 고객 유형과의 반복적인 응대를 통해, 저는 단순한 친절을 넘어 '상황을 판단하고 적절한 방식으로 대응하는 소통력'을 기를 수 있었습니다. 고객 대응이 핵심인 이 직무에서도, 저는 유연하게 문제를 파악하고 조율하는 역할을 수행할 수 있다고 확신합니다."

이 문장은 경험을 직무의 요구 역량으로 연결하고, 그 연결을 바탕으로 미래의 역할 수행 가능성까지 자연스럽게 확장시킨다. 이것이 바로 자기소개서와 면접 스토리의 궁극적인 마무리 방식이다.

경험은 과거의 이야기다. 그러나 기업은 '앞으로 함께 일할 사람'을 뽑는다. 따라서 경험의 종착지는 항상 '직무 적합성'이라는 메시지로 향해야 한다.

이때 자주 쓰이는 마무리 문장의 전략적 표현은 다음과 같다.

- "이러한 경험은 제가 [직무명] 역할을 수행하는 데 있어, 핵심적인 기반이 될 수 있다고 생각합니다."
- "이와 같은 문제 해결 경험을 바탕으로, 저는 현장에서 즉각적인 대응과 협업이 필요한 [직무명]에서도 기민하게 움직일 수 있습니다."
- "이 경험은 단지 개인적 성장이 아니라, 조직 안에서 유의미한 가치를 창출할 수 있는 토대가 되었습니다."

이러한 문장들은 단순한 마무리를 넘어서, 지원자의 내러티브에 구조적 완결감을 부여한다. 특히 면접에서는, 질문 하나에도 응답의 끝을 직무 적합성으로 닫을 수 있는 힘이 필요하다. '그 일에서 무엇을 느꼈나요?'라는 질문에도 '그래서 이 직무에 지원한 이유가 되었습니다'라고 연결하는 사람은, 단지 말을 잘하는 사람이 아니라 말을 통해 일의 본질을 꿰뚫어보는 사람으로 보이게 된다.

기억하자. 좋은 이야기의 끝은, 청중의 머릿속에 '이 사람, 이 일 잘할 것 같다'는 이미지를 남긴다. 그리고 그 이미지는 당신의 합격 가능성을 바꾸는 마지막 한 줄이 된다.

스토리텔링 역량을
자기소개서·면접에 적용하는 구체 전략

글은 '장면'으로, 말은 '리듬'으로 구성하라

자기소개서와 면접은 같은 내용을 다루지만, 표현 방식은 다르다. 글은 '읽는 것'이고, 말은 '듣는 것'이다. 이 차이를 인식하지 못하면, 글은 밋밋해지고 말은 산만해진다. 스토리텔링 역량이란, 같은 경험을 '상황에 맞게 다르게 표현할 수 있는 감각'이다.

먼저, 자기소개서는 '장면'을 그리는 방식으로 써야 한다. 단순한 요약이나 나열이 아닌, 한 장면을 묘사하듯이 시각적이고 감각적으로 표현해야 한다. 독자는 문장을 읽는 것이 아니라, 머릿속으로 장면을 떠올리며 읽는다.

"팀 프로젝트에서 조율 역할을 했습니다"라는 문장보다, "회의 초반, 팀원 두 명이 각자의 의견을 고수하며 목소리가 높아졌고, 회의가 정체되기 시작했습니다. 저는 두 사람의 공통된 요구를 찾아 화이트보드에 시각화하며 대화를 이어갔습니다."

이 문장은 명확한 '장면'을 그려준다. 언제, 어디서, 누가, 어떤 상황이었고, 나는 무엇을 했는지가 그려진다. 이런 글은 독자의 몰입을 이끌고, 당신의 역할을 명확히 인식시킨다.

자기소개서는 요약이 아니다. 장면 중심 묘사, 구체적 상황 설정, 감정의 결까지 포함하는 구성이 필요하다. 이런 글이야말로, 읽는 이를 '당신의 경험 속으로 초대하는 글'이 된다.

반면 면접은 '리듬'을 설계해야 한다. 면접은 일방적 전달이 아니라, 호흡을 맞추는 대화다. 아무리 좋은 내용을 말해도, 긴 문장과 단조로운 어조는 청자의 집중력을 잃게 만든다. 따라서 말은 구조보다 박자감, 논리보다 리듬이 중요하다.

실전에서는 다음과 같은 구성으로 말하는 것이 좋다.

- 짧게 상황 제시 한 문장
- 문제 또는 갈등 제시 한두 문장
- 내가 한 행동 중심으로 요점화 두세 문장
- 배운 점 또는 직무 연결 마무리 한 문장

이렇게 4단 구조로 말하면, 흐름이 단단하고 리듬이 살아 있다. 특히 중요한 것은 한 문장 안에 하나의 메시지만 담는 것. 말은 흐름이기 때문에, 한 문장에 두 가지 이야기를 넣는 순간 청자는 집중력을 잃는다.

예를 들어 다음처럼 말할 수 있다.

"당시 팀 프로젝트에서 방향성 충돌이 있었습니다. 각자 의견이 달라 회의가 지연됐죠. 저는 모두의 공통 관심사였던 '기한 준수'에 초점을 맞춰 조율했습니다. 그 결과, 모두가 납득할 수 있는 실행 계획을 정리할 수 있었습니다."

이 말은 불필요한 수식 없이, 핵심 리듬을 유지한다. 그리고 끝 문장에서 청자는 자연스럽게 "이 사람은 협업 상황에서 조율할 줄 아는 사람이구나"라는 인상을 갖게 된다. 말의 흐름과 박자를 설계한다는 것은, 곧 의도를 정확히 전달하는 기술이다.

결론적으로, 자기소개서는 머릿속 장면을 그리게 해야 하고, 면접은 귓가에 리듬을 남겨야 한다. 이 두 가지 모두 단어 선택, 문장 구조, 전달 순서에 대한 섬세한 감각에서 비롯된다.

당신의 경험은 하나다. 하지만 그것을 '글'로 말할 때와, '말'로 말할 때는 그 방식이 달라져야 진짜 스토리텔러가 된다.

주제형 자소서에서 사건형 자소서로 전환하기

많은 자기소개서가 '나는 ○○한 사람입니다'라는 문장으로 시작된다. 이른바 '주제형 자소서'다.

예를 들어,

"저는 책임감이 강한 사람입니다."

"저는 항상 긍정적으로 생각합니다."

"저는 협업을 중요하게 생각합니다."

이러한 문장은 자기 인식을 보여주는 듯하지만, 대부분의 독자에게는 구체적인 이미지가 남지 않는다. 왜냐하면 문장이 주장에 머무르고, 그 주장을 입증할 사건이 뒷받침되지 않기 때문이다. 결과적으로, 많은 자기소개서가 비슷비슷하고 평이해 보이는 이유가 여기에 있다.

반면, 기업이 보고 싶은 자기소개서는 단순한 주장이 아니라 사건을 통해 증명된 가치다. 즉, '사람 설명'이 아니라 '사건 중심 설명'이 필요하다. 이러한 구조를 우리는 '사건형 자소서'라고 부른다.

사건형 자소서는 다음의 흐름을 가진다.

- 실제 경험의 '상황'부터 시작한다.
- 그 안에서의 갈등 또는 문제를 제시한다.
- 그 상황에서 내가 취한 '행동'과 그 이유를 설명한다.
- 결과와 그로부터 얻은 '성장 포인트'로 마무리한다.

주제형 서술

"저는 책임감이 강합니다. 어떤 일을 맡으면 끝까지 해내는 성격입니다."

이 문장은 선언적이다. 하지만 누구든 쓸 수 있고, 누구의 말인지 기억에 남지 않는다.

이 문장을 사건형 구조로 바꿔보자.

사건형 서술

"대학 시절 소규모 전시회를 기획하며, 담당자가 갑작스레 빠지는 바람에 일정 조정과 홍보물 제작을 동시에 떠맡게 된 적이 있습니다. 주어진 시간 내에 두 업무를 모두 마치기 위해 우선순위를 조정하고, 외주 디자인 대신 직접 제작을 택해 시간을 줄였습니다. 그 결과, 계획된 일정을 지킬 수 있었고 팀원들에게 신뢰를 얻을 수 있었습니다. 이 경험은 '맡은 일은 반드시 끝내야 한다'는 저만의 책임감 기준을 만들어 주었습니다."

이 문장은 '책임감'이라는 주제를 말하고 있지만, 그것을 말하지 않고도 독자가 스스로 그 성격을 느끼게 한다. 그 차이는 설득력의 차이이자, 인상에 남는 방식의 차이다.

특히 채용 담당자들은 수백 개의 자소서를 읽는다. 그들이 집중하는 건 키워드가 아니라, 그 키워드를 어떤 사건으로 보여주는가이다. 사건은 기억에 남지만, 주제는 흘러간다. 그래서 당신의 자기소개서는 '주제'에서 시작하더라도 반드시 '사건'으로 가야 한다.

다음과 같은 항목들은 모두 '주제형'을 넘어 '사건형'으로 바뀔 수 있다.

- 성장 과정 → 가치관 형성 계기 중심 사건
- 지원 동기 → 문제의식과 연결된 개인 경험
- 성격의 장단점 → 극복 과정이 담긴 실제 상황
- 입사 후 포부 → 현재 준비 중인 프로젝트 경험

중요한 것은, 모든 항목의 중심을 '무엇을 느꼈는가'에서 '무엇을 경험했고, 그 경험을 통해 무엇이 바뀌었는가'로 전환하는 것이다.

사건형 자소서는 더 많은 노력을 요구한다. 기억을 꺼내야 하고, 그 안에서 '문제-행동-변화'의 흐름을 구조화해야 한다. 하지만 그만큼 진실된 울림을 만든다. 그리고 그 울림이 지원자를 '말로만 좋은 사람'이 아니라, '행동으로 증명된 사람'으로 보여지게 만든다.

'나는 누구인가'가 아니라 '어떤 상황에서 무엇을 했는가'로 말하기

"본인을 한마디로 표현한다면?"
"자신의 장점은 무엇인가요?"
"당신은 어떤 사람인가요?"
면접에서 자주 나오는 질문이다. 그리고 많은 지원자들이 이렇게 대답한다.
"저는 성실한 사람입니다."
"저는 배려심이 많은 사람입니다."
"저는 도전을 두려워하지 않습니다."
이러한 답변은 정직하고 의욕적일 수 있으나, 대부분의 경우 설득력이 약하다. 왜냐하면 그 말이 진짜인지 아닌지를 판단할 '근거'가 부족하기 때문이다. 즉, 아무리 좋은 말을 해도, 그것이 어떤 행동과 상황을 통해 입증되는가가 없다면, 그 말은 공허한 선언에 그친다.

면접관이 듣고 싶은 답은 '당신이 어떤 사람인지를 당신이 말하는 것'이 아니다. '어떤 상황에서 당신이 어떤 방식으로 행동했는지'를 통해, 그 말이 얼마나 현실적인지, 구체적인지, 실천 가능한지를 보고 싶어 하는 것이다.

"저는 팀워크를 중시하는 사람입니다."라는 말은 누구나 할 수 있다. 하지만 다음처럼 말하면, 인상이 달라진다.

"기획 PT 팀 활동 중 팀원 간 역할 충돌이 생겼습니다. 당시 저는 각자의 의견을 표 정리하여 기준점을 세우고, 그 기준에 맞춰 분업을 조정했습니다. 그 결과, 과제가 효율적으로 정리되었고 팀원들의 스트레스도 줄일 수 있었습니다. 저는 그런 식으로 조율과 설득을 통해 팀워크를 만들어가는 방식을 중요하게 생각합니다."

이 답변은 '나는 누구인가'를 직접 말하지 않는다. 하지만 그 사람의 사고방식, 태도, 일하는 스타일이 명확히 드러난다. '내가 누구인지'는 스스로 말하는 것이 아니라, 내 행동으로 느끼게 해야 한다. 그게 바로 스토리텔링 면접의 본질이다.

면접에서 자신의 강점을 말할 때는 다음과 같은 질문을 스스로에게 던져야 한다.

- "이 강점이 드러난 구체적인 순간은 언제였는가?"
- "그 상황에서 내가 어떤 행동을 했는가?"
- "그 행동은 어떤 맥락에서 나왔으며, 어떤 결과를 이끌었는가?"
- "그 경험을 통해 나는 무엇을 배웠고, 어떻게 일하는가?"

이러한 질문을 따라 이야기를 구성하면, 면접관은 말 속에서 '이 사람은 실제로 그렇게 행동해본 사람'이라는 확신을 갖게 된다. 그리고 그 확신이 곧 채용으로 이어지는 결정적 기준이 된다.

즉, '자기 표현'은 자기 중심이어서는 안 된다. 오히려 상대방이 당신을 어떻게 이해하게 만들지를 고려한 '상황 중심'이어야 한다. 말은 자기 해석이지만, 그 말이 설득력을 갖기 위해선 반드시 경험이라는 증거, 맥락이라는 배경, 행동이라는 실천이 함께 따라야 한다.

면접에서 말은 짧지만, 기억은 길다. 그 짧은 시간 안에 당신이 누구인지 남기고 싶다면, 자신의 성격을 말하지 말고, 자신이 겪었던 한 가지 상황을 통해 당신의 성격을 보여줘야 한다. 그때 비로소 말은 자기 설명을 넘어, 신뢰를 주는 이야기가 된다.

PLAN

커리어를 설계하라:
첫 직장부터 미래까지

"어디서 시작할까?
그리고 나는 어떻게 성장하고 싶은가?"

법칙7   첫 직장, 어디든 가는 게 아니라 '잘 맞는 곳'으로 가라   심영보

법칙8   신입사원 1년, 생존보다 성장을 선택하라   김종찬

법칙9   커리어는 마라톤, 단계별 전략이 필요하다   김상욱

법칙 7

첫 직장, 어디든 가는 게 아니라 '잘 맞는 곳'으로 가라

심영보

왜 1등이 아닌 3등이 뽑힐까?

나에게 맞는 첫 직장에 선택되기 위해서는 기업이 어떤 사람을, 왜 선택하는지를 알고, 그것을 어떻게 활용할 것인지에 대한 전략적 시각이 필요하다.

이 전략은 단순히 임시방편으로 접근하는 것이 아니라, 본인이 평생의 직업으로 삼고자 하는 직무를 정하고, 최소 1년 이상을 구체적인 계획 하에 준비해 온 사람에게 해당하는 논리이다. 준비 없이 이룰 수 있는 성공은 없다.

Key point 1: 면접의 최종 결정은 대표이사와 같은 경영진이 내리지만, 실질적으로 적합한 인재를 선별해 추천하는 사람은 면접관인 부서장이다. 부서장의 마음에 들지 않으면 다음 단계는 없다.

Key point 2: 신규 입사자를 채용해 본 경험이 있는 부서장들은 공통적인 선택 패턴을 가진다. 단순히 역량이 뛰어난 1등보다는, 2등이나 3등이지만 오랫동안 함께 일할 것 같은 사람을 선택한다. 이것이 바로 '어떤 사람을, 왜 선택하는가'의 핵심이다.

따라서 본인이 원하는 직무를 성실히 준비해 온 사람이, 자신을 채용할 부서장의 마음을 이해하고 그의 관점에 맞춰 설득력 있게 말할 수 있다면, 선택받을 가능성은 더욱 높아진다.

부서장의 마음을 읽지 못하면, 준비는 무의미하다

이야기만 들으면 누구나 알고 있을 법한 내용처럼 보인다. 하지만 첫 직장을 고르는 사람에게 가장 어려운 일은 부서장의 마음을 이해하는 것이다. 이는 단순한 세대 차이의 문제가 아니며, 그들을 만나본 적이 없어서 모르는 것이 아니라, 그들의 생각과 중요하게 여기는 기준을 진지하게 고민해본 적이 없기 때문이다. 결국 절실하지 않았다는 이야기다.

영화 『비열한 거리』의 한 대사처럼, "세상에서 성공하려면 딱 두 가지만 알면 돼. 나한테 필요한 사람이 누구인지, 그리고 그 사람이 뭘 필요로 하는지." 이보다 더 명쾌한 설명은 없다.

그렇다면, 면접에서 내게 필요한 사람은 바로 '부서장'이며, 그가 원하는 것은 '쉽게 퇴사하지 않고 오래 일할 사람'이라는 점을 기억해야 한다.

왜 오래 일할 사람인지를 그토록 중요하게 여길까? 이는 부서장들이 과거에 겪은 실질적인 어려움에서 비롯된 판단이다.

예를 들어, 일을 잘할 것 같아 채용했지만 몇 달 만에 퇴사한 사례, 혹은 팀원이 떠났지만 충원이 지연되어 남은 팀원 모두가 과도한 업무 부담을 지게 된 경험 등은 부서장에게 큰 리스크로 남는다.

결과적으로 최선의 선택이라 생각했던 사람이 오히려 최악의 결과를 낳았던 것이다. 그래서 부서장들은 역량 1등보다 차선의 인재를 선택하며 리스크를 줄이고자 한다.

오늘날 대부분의 기업이 채용보다 더 어려워하는 것이 바로 리텐션, 즉 인력 유지다. 부서장의 핵심 역할은 팀원들과 함께 회사의 목표를 성과로 전환하는 것이다. 따라서 단 한 명의 인력 부족도 전체 성과에 영향을 줄 수 있기에, 인사 리스크를 회피하려는 부서장의 마음은 어쩌면 당연하다.

이러한 부서장의 마음을 모르는 많은 취준생들이 면접에서 "이 일 잘합니다", "저는 능력 있습니다"라고 강조한다. 하지만 부서장의 내심은 이렇게 되묻고 있다.

"그래, 너 잘난 거 알겠어. 그런데 진짜 나랑 오래 일할 거니?"

따라서 단순히 "이 회사에 뼈를 묻겠습니다"라고 외치는 것이 아니라, "저는 준비가 되어 있고, 이 회사에 대해 이해하고 있으며, 부서장님과 함께 일할 마음이 있습니다"라는 진정성 있는 메시지가 더 효과적이다.

한 저명한 강사는 자신이 겪은 일화를 강연에서 소개했다. 직원이 퇴사하는 과정에서 큰 스트레스를 받았고, 그 경험 이후부터는 "제일 먼저 보게 되는 것이 지원자의 이직 횟수, 평균 근속 연수, 끈기와 성실성, 지루함을 견딜 수 있는지 여부를 유심히 보기 시작했다"고 한다.

그런데 이런 항목들은 면접장에서 "저는 성실합니다", "끈기 있습니다"라고 말한다고 해서 설득되지 않는다. 이는 검증이 어려운 성격의 특성이기 때문이다.

그렇다면 부서장은 어떤 기준으로 그 사람의 성실성과 끈기를 판단할까? 그것은 바로 자기소개서와 면접을 통해 드러나는 간접적 맥락과 사례를 통해 가능해진다. 즉, 말로 하는 선언이 아니라, 그 사람의 스토리와 태도에서 느껴지는 진심이 판단 기준이 되는 것이다.

진심은 준비에서 드러난다

한 아침 라디오 방송에서 한 헤드헌팅 전문가는 이렇게 말했다.
"면접 질문을 하다 보면, 이 지원자가 우리 기업에 대해 얼마만큼 알고 왔는지가 느껴집니다. 그런데 6개월, 1년 이상 이 기업을 위해 분석하고 준비한 사람이라면, 쉽게 그만두지 않아요."

이를 듣고 진행자는 "아, 그걸 알아보는 거군요"라고 반응했고, 전문가는 이렇게 답했다. "그렇죠. 준비되어 있고 우리 회사에 대해 충분히 이해하고 있는 사람은, 실망할 가능성도 낮고 오래 일할 가능성도 높기 때문에 뽑게 되는 겁니다."라고 하자 진행자가 정리하듯, "결국 기업은 진심인 사람을 뽑네요."라며 핵심을 정확히 짚어주었다.

첫 직장은 아무 데나 가는 것이 아니라, '잘 맞는 곳'을 찾는 것이다. 그리고 그 선택은 단순히 스펙이 아니라, 준비된 진심과 태도, 기업에 대한 이해, 준비가 되어 있는 사람은 함께 오래 일할 수 있다는 신뢰감에서 비롯된다. 면접은 그 모든 것을 설득하는 무대이며, 이 무대에서 진심으로 준비된 사람이 선택받는다.

연봉보다 중요한 건
나와 잘 맞는 조직문화

 조직문화와 가치관이 중요하게 작용하는 이유 중 하나는 부서장도 사람이기 때문에 객관적으로 보려고 노력은 하지만 짧은 시간에 판단을 내리기 위해서는 어느 정도는 무의식 속에서 주관적인 판단이 들어갈 수밖에 없고 우리는 이 무의식에 주목하려는 것이다. 깊은 내면의 세계인 무의식은 판단의 기준을 세우고 결정하는 것이 아니라 그저 본인이 마음 편안한 쪽으로 자연스럽게 흘러간다.

 사실 본인이 생각하고 정한대로 판단한다면 의식이지 무의식이 아니다. 이러한 무의식은 대부분은 오랜 시간 동안 본인이 속한 사회나 국가의 문화에 의해 형성된 것이다.

 사람들은 언제 편안함을 느낄까? 본인이 사는 동네에 있을 때가 편할까? 다른 동네에 있을 때가 편할까? 또는 한국말로 대화할 때가 편할까? 외국어로 대화할 때가 편할까? 대부분의 사람들은 익숙한 환경에서 편안함을 느낀다. 익숙하다는 것은 어떤 상황이 펼쳐질 지 예측이 되고 예상에서 벗어나는 일이 발생하더라도 좀 더 쉽게 대응할 수 있을 것이라 생각하기 때문이다.

　사람과의 관계에서도 예측할 수 있는 상대가 편하다. 그래서 가족이 가장 편하다고 느끼는 이유는, 길에서 마주치는 동네 주민들과는 상호작용이 적은 반면, 가정 내에서 가족과는 늘 함께 지내며 자주 상호작용하기 때문이다.

　각자가 살아온 집안의 분위기나 생활방식에 따라 나의 행동과 말이 다른 사람의 심기를 불편하게 하는 경우가 있을 수 있다. 가족들이 다들 양말을 거꾸로도 신기 때문에 벗을 때 거꾸로 벗던 바로 벗던 상관이 없어 하는 집이 있는가 하면 어느 집에서는 양말을 거꾸로 벗어 놓으면 난리가 나는 집이 있다.

　이처럼 많은 상호작용의 결과, 내가 어떤 말을 하고 내가 어떤 행동을 했을 때 칭찬을 받을 지 또는 꾸지람을 받을 지를 안다. 그런 상태가 오래 지속되다 보면 몸에 익어서 머리로 생각하지 않고 말하거나 행동하도록 무의식에 의해 뇌가 지배를 받고 그 상황에서 함께 살아온 사람은 내가 한 말이나 행동에 불쾌감을 느끼지 않는다. 아마도 이런 편안함을 이해하는데 있어서 사투리가 가장 대표적일 것이다. 평소 사투리를 쓰지 않는 사람도 고향사람을 만나면 마음이 편해져서 사투리가 자연스럽게 나온다.

　결론적으로 말하면, 내가 하는 행동이나 말이 상대를 불편하게 하지는 않을 까 걱정하지 않아도 되는 상황처럼 상대와 이야기하다 보니 나와 같은 생활방식 등 여러 면에서 공감대가 있는 사람도 편하게 느껴지면서 행동이나 말이 무의식적으로 나온다. 이와 같은 개념에서 공감대를 통해 편하게 느껴진 사람은 나와 같은 무리에 속하는 사람이라고 인정하는 것이다.

　더 나아가 사람은 무의식 중에 익숙한 것을 접하게 되면 마음이 편해지면서 그 것에 대해 호감을 느낀다. 드라마 속에서 첫 눈에 반하는 장면을 보면 서로가 상대방에게서 익숙하거나 편안한 것을 발견했을 때 번개에 맞은 듯 순간적으로 마음이 움직이는 것이나, 해외 여행을 갔을 때 저 멀리서 들리는 한국말이 있다면 반갑게 느껴지는 것이 그것이다. 나는 이것을 "매료"되었다고 하는데 이 매료에 대해서는 다음에 이야기할 기회가 있기를 바란다.

　그런데 부서장이 오랫동안 다녔던 회사내에서 이런 익숙함과는 다른 거북함을 느끼게 만드는 상황이 펼쳐진다. 같은 공동체는 같은 문화와 가치관을 갖고 있다하더라도 가정내에서도 부모 세대와 자녀 세대가 생각하는 것이 다르듯, 같은 문화와 가치관을 가진 직장내에서도 다를 수 있기 때문에 의견충돌이 있을 수 있다. 그래서 요즘 회사에서는 이러한 충돌을 최소화하고자 시대의 변화에 맞춰 기업문화나 시스템을 바꾸고 있는데, 직책을 가진 윗사람이 아니라 조직원인 아랫 사람에게 초점을 맞추고 있다. 그 중에서도 신입사원인 MZ사원들을 우선적으로 고려한다.

　그러다 보니 MZ팀원이 퇴사를 하면 부서장의 리더십 부족을 탓하거나 부서장이 변화해야 한다고 말하는 경우가 많다. 그래서 부서장들은 말 한마디 한마디를 할 때 무척 조심스러워진다. 부서장 입장에서는 "내가 이렇게 말하면 이 친구가 충격을 받고 퇴사하지는 않을까?" 라는 고민을 하게 된다.

　이 글을 읽는 취준생 중에 직장 경험이 있는 사람으로서 자기가 다녔던 회사의 팀장은 그런 고민 없이 말을 막 하던데 라고 말할 수 있겠지만 그 부서장도 부서장 나름대로는 생각하고 스트레스 받아 한다는 것을 이해해 주었으면 한다.

이러한 상황이 발생하는 이유는 우리나라가 언어적으로 고맥락문화를 가진 사회이기 때문이기도 하다. 고맥락문화는 말하는 상황이나 표정, 어투, 톤을 함께 고려해야 실질적인 의미를 이해할 수 있다. 카톡에 글을 쓰면서 마지막에 ^^표시가 있고 없고에서 큰 의미를 찾는게 우리들이다. 즉 귀로 전해지는 말속에 다른 뜻이 있거나 그 말 이상의 더 많은 뜻이 있어서 듣는 사람이 잘 이해해야 하는 것에 비해 저맥락문화는 전달된 말 자체의 의미에 한정하여 의사를 전달하기 때문에 말의 구성이 명확하게 되어 있어서 오해의 소지가 적다.

부서장이 지원자와 이야기를 나누다 보니 나와 같은 문화를 가진 사람이라고 느꼈을 때, 향후 내가 하는 말에 대해서 이 친구라면 그 뜻을 알고 내 본심을 이해해 줄 것이라는 기대를 무의식적으로 하게 된다. 과거에 퇴사한 직원과 비교하면 나는 평소 다른 직원에게 얘기하듯 했는데 그 직원은 기분이 나빠져서 퇴사를 했다고 하니 부서장입장에서는 무척 당황스러웠었는데 내 뜻을 이해해주고 기분도 나빠하지도 않고 그러기에 퇴사도 안 할 것 같은 사람을 만났으니 얼마나 반갑고 마음에 들겠는가? 여기에 결정적으로 작용하는 원리가 바로 앞에서 이야기했던 준비된 사람은 쉽게 그만 두지 않는다는 것을 부서장들이 알고 있다는 점이다.

나와 문화와 가치가 통하는 사람이 준비까지 되어 있다면 퇴사하지 않을 것 같다는 기대가 확신으로 자리 잡는 것이다. 그래서 취업준비의 시작은 직무에 대해 많이 준비하는 것으로 시작하지만 지원한 회사의 조직문화와 가치관에 대해서도 그에 못지 않는 준비를 해야 하는 것이, 이 둘이 서로 상승효과를 내기 때문이다.

이처럼 서로가 같은 생각을 한다는 것은 같은 문화를 공유해야 가능하다는 것을 알았는데 나와 같은 문화를 가진 사람이라는 것을 가장 쉽게 알 수 있는 것은 무엇일까? 그 건 바로 나와 같은 언어를 사용하는 사람이다. 직장내에서 사용하는 말은 당연히 한국말이지만 그 직장에서 사용하는 특별한 단어가 있고 자주 입에 올리는 표현이 있다.

특히 엔지니어들이 이런 경우가 많은데 특정 공정을 자기네들끼리만 부르는 명칭이 있거나 특정 장비를 풀 네임이 아닌 약어나 별명 같은 것들로 부르곤 한다. 그래서 그 회사에서 사용하는 실무형 언어를 쓰는 것을 같은 언어를 사용하는 사람이라고 할 수 있는 것이다.

국내 한 반도체회사는 두개의 공장이 있었는데 각 각이 서로 다른 나라의 기술을 기반으로 설립되어 운영하다가 합병이 된 경우였다. 그런데 원천기술 출처가 서로 다르다 보니 사용하는 용어가 조금씩 달라서 양 공장 사람이 모여서 회의를 할 때나 공통의 보고서를 작성할 때 소통에 불편함이 있었다. 그런데 이러한 불편함은 불편함으로 끝나는 것이 아니라 합병이후에 '같은 회사'라는 인식을 심어주는 데에도 부정적인 영향이 있다고 판단되어 용어통일 작업을 하게 되었다.

'검사'라는 공정을 A공장에서는 Inspection이라고 불렀는데 B공장에서는 Visual Check라고 불렀다. 만약 홍길동 지원자가 B공장에 가서 "저는 Inspection해본 경험이 있습니다"라고 해도 부서장이 그 의미를 이해는 하지만 그에 비해 이순신 지원자가 "저는 Visual Check

를 해보았습니다"라고 말할 때 B공장 부서장들은 어딘 지 모르게 이순신 지원자에게는 호감까지 갖게 되는데 그 이유가 바로 같은 언어를 사용하기 때문이다.

외모가 동양사람인데 한국말을 유창하게 구사하면 당연히 한국사람이겠구나 라고 짐작하는 것처럼 기술적인 용어를 내가 아는 익숙한 용어를 사용한다면 이것 저것을 따져서 판단을 하는 것이 아니라 일단 말이 통하니 상대를 대하는 마음이 편안해지면서 그 사람에게 마음을 열게 된다. 즉, 기술 용어 하나에도 '문화의 언어'가 깃들어 있다. 지원자가 현장에서 쓰는 실제 언어, 즉 살아 있는 조직 언어를 구사할 수 있다면, 그 자체만으로도 믿음이 가슴에 와 닿게 된다.

그래서 제대로 준비된 사람은 그 직무에 대한 전문성과 함께, 비록 직접 경험해 보지는 않았더라도 오랜 시간 동안 집착하듯 연구한 결과, 마치 실제로 경험해 본 사람처럼 생각하고 행동하게 된다. 그리고 자연스럽게 실무자들이 사용하는 언어까지 쓰게 되는데, 바로 그런 사람을 부서장들은 "준비된 사람"이라고 알아보는 것이다.

물론 문화나 가치관이 맞는다는 것은 서로 맞는 것이지 어느 한쪽만 맞다는 말은 성립하지 않는다. 그래서 문화나 가치관이 맞지 않는데 연봉만 보고 그 회사의 문화를 알아낸 뒤에 어떻게든 잘 연구해서 설령 합격하더라도 입사 이후에 일 외적으로 신경 써야 할 것들이 많아져서 결코 그 회사를 편하게 다닐 수 없을뿐더러 그 조직문화내에서 성장하는 데에도 한계를 느끼게 된다. 나의 성향을 알고 나에게 맞는 직장을 찾아 첫 직장에 선택되어지는 것이 결국 인생을 성공으로 이끄는 길이 되는 것이다.

그래서 조직문화와 가치관은 내가 첫 직장에 선택되는데 있어서도 중요하지만 그 이후의 평생의 직장생활을 결정하는데도 중요한 만큼 연봉만 보고 가는 것은 피해야 한다.

지금까지 이야기한 것을 가지고 "준비가 되어 있는 사람" = "오래 다닐 것으로 기대되는 사람"이라는 공식을 증명해보자. 가설은 "본인과 맞지 않으면 퇴사 가능성이 높아진다"로 설정하였다.

여러 자료가 있지만 국내 취업 전문 회사 잡코리아가 2022년 공개한 '직장인 퇴사 이유' 설문조사를 활용해 보자. 조사에 따르면 20대 직장인들이 퇴사하는 가장 많은 이유는 '적성에 맞지 않는 업무44% 중복응답' 이고 두 번째가 '조직문화가 맞지 않아서32% 중복응답' 이다. '적성에 맞지 않는 업무'때문에 퇴사를 하였다는 것은 반대로 말하면 적성에 맞는 업무를 하였다면 퇴사한 사람의 44%는 퇴사하지 않을 가능성이 높다는 의미가 된다.

직무 적합성을 높이는 것은 본인이 하고 싶어하는 일을 하게 된 상황을 뜻하는 것으로 앞에서 얘기한 내용에 맞춰 '준비한 것'이라고 할 수 있다. 또한 이는 퇴직 사유 중에서도 큰 비중을 차지하는 만큼 가중치가 높다고 봐야 할 것이다. 그래서 퇴사의 가능성은 '적성에 맞지 않는 업무'의 제곱에 비례하고 같은 말이지만 '준비한 것'의 제곱에 반비례한다. 또한 여기서 '준비한 것'은 '시간'에 '노력'을 곱한 것이다. 지원자들 대부분이 학생이기에 어찌 보면 학교를 다니는 기간이 정해져 있고 그래서 들이는 시간의 최대값이 비슷한 만큼 그 최대값 내에서 들어간 시간의 차이는 정비례하지 않고 제곱에 비례하다고 할 수 있다.

그렇기 때문에 고등학교때부터 준비해 온 사람처럼 시간의 최대값을 뛰어 넘는 경우, 그 사람을 이기기는 어렵다. 다만 노력이라는 것도 남들과 다른 다양하면서 참신하고 획기적인 방법을 구사한다면 이 또한 폭발적인 힘을 발휘한다. 두 번째로 높은 사유는 조직문화가 맞지 않는 경우 퇴직할 가능성이 높아진다.

앞에서 이야기한 것처럼 적성이 맞지 않는 업무를 하거나 문화가 맞지 않으면 퇴사 가능성은 높아지는 것이다. 이 두가지를 수식으로 표현하면 다음과 같다.

$$\text{퇴사 가능성} = (\text{맞지 않는 문화}) \times (\text{적성에 맞지 않는 업무})^2 = \frac{\text{문화의 이질성}}{(\text{준비한 것})^2} = \frac{\text{문화의 이질성}}{(\text{준비한 시간} \times \text{노력})^2}$$

위 수식에서 대변과 차변의 자리를 바꾸면 [(준비한 것)^2 = (문화의 이질성)/퇴사가능성]이 되며 여기서는 준비된 사람에 포커스를 맞추고 있기 때문에 논의의 단순화를 위해 "문화의 이질성"을 제외시키고 보면 [(준비한 것)^2 = 1/퇴사가능성] 이 되고 "1/퇴사가능성"은 "장기근속 가능성"이다.

또한 "(준비한 것)"은 준비한 것이 많다는 것인데 이는 시간이나 노력의 결과이니 "준비가 된 사람"이 된다. 그러므로 [준비된 사람 = 장기근속 가능성]이 되는 것이다.

이처럼 "준비가 되어 있는 사람" = "오래 다닐 것으로 기대되는 사람"이라는 공식이 논리적으로 증명되는 것이다.

FIT 조직을 고르는 눈과 기업분석법

조직문화와 가치관의 중요성은 결국 '서로 잘 맞아야 한다'는 말로 귀결된다. 기업도 사람도 마찬가지다. 수년간 연애를 한 커플도 성격 차이로 이혼하는 경우가 많은데, 하물며 한 번도 함께 일해본 적 없는 직장과 사람이 처음부터 100% 맞을 수는 없다.

그렇다면 우리는 어떻게 나에게 최대한 FIT한 조직을 찾아야 할까? 이 질문에 앞서, 『1부. 나를 이해하라: 취업의 출발점은 '나'다』의 내용을 다시 한 번 살펴보기를 권한다.

30년간 직장 생활을 하며 여러 회사를 경험한 결과, 처음부터 끝까지 완벽하게 FIT한 조직은 없었다. 나에게 맞는 회사를 찾는 일은 옷을 고르는 일과 비슷하다. 모든 조건이 완벽한 옷을 찾기는 어렵고, 결국 디자인, 가격, 실용성 등을 고려해 최선의 선택을 하게 된다. 마찬가지로 회사 선택의 기준에서 나에게 가장 중요한 조건은 '내가 하는 일'이 되어야 한다. 회사란 본질적으로 '일을 하는 곳'이기 때문이다.

이 말은 눈높이를 낮추라는 의미가 아니다. FIT한 조직은 반드시 대기업이거나 복지가 뛰어난 회사일 필요는 없다. 오히려 조건만 보고 선택하면 그 조건에 갇히게 된다. 첫 직장은 '내가 좋아하는 일을 할 수 있는 환경'과 '조직문화가 맞는 곳'을 기준으로 삼아야 하며, 이는 장기적으로도 개인의 성장과 직무역량 강화에 도움이 된다.

특히 요즘은 공개채용보다 수시채용이 일반화되며, 기업들은 '가성비 높은 중고 신입'을 선호하는 경향이 있다. 그렇기에 처음부터 내가 성장할 수 있는 조직을 선택하고, 그 조직에서 충분한 커리어 기반을 다지는 것이 중요하다.

전략적 기업분석이 필요한 이유

기업 분석의 전통적인 방식은 홈페이지 확인, 뉴스 검색, 현직자 인터뷰 등이다. 그러나 전략적 접근이 필요한 시대이다. 단순한 정보 수집을 넘어, '이 회사와 내가 왜 잘 맞는가'를 설명할 수 있어야 한다.

가장 조심해야 할 것은 퇴사자의 말이다. 대부분 퇴사자는 부정적인 시각을 가지고 있으며, 이로 인해 왜곡된 정보를 듣고 잘못된 판단을 내릴 위험이 있다. 또한 회사 홈페이지에 게시된 비전이나 슬로건은 현재의 문화가 아니라, 이상적으로 지향하는 미래상을 담고 있는 경우가 많다. 이를 그대로 면접에 인용하면 오히려 "수박 겉핥기" 수준으로 보일 수 있다.

이럴 때는 다음과 같은 방식으로 분석을 보완하자:

- 기업의 미션, 비전이 실제 어떤 제도나 활동으로 구현되고 있는지 확인
- SNS, 뉴스, 블라인드 등 다양한 채널을 종합 분석
- 재직자 인터뷰 시 '가장 힘들었던 경험'이나 '실제 조직 분위기' 등을 묻기

ChatGPT와 MBTI를 활용한 기업 매칭법

희망 기업이 정해졌다면 GPT에게 그 회사를 분석해달라고 요청할 수 있다. 경쟁사와 비교 분석을 요청하면 더욱 입체적인 시사점을 도출할 수 있다. 아직 기업이 정해지지 않았다면, 자신의 MBTI 유형을 기준으로 GPT에게 'MBTI별 추천 기업 유형'을 요청하는 것도 좋은 방법이다.

"ENFP에게 잘 맞는 기업 문화는?" 또는 "ISFJ에게 어울리는 직무는?" 등으로 질문을 설정하면, 자신의 성향에 맞는 조직 문화를 찾는 데 도움이 될 수 있다. 만약 규모가 작아 정보가 적은 기업을 분석하고자 한다면, 업계 내 유사 기업들을 GPT에 리스트업하도록 하고 이를 바탕으로 간접 분석해보는 것도 가능하다.

'절실함'은 준비된 사람의 신호다

짧은 시간 안에 '준비된 사람'임을 각인시키려면 무엇이 필요할까? 오랜 시간 앉아 있다고 공부가 잘 되는 것이 아닌 것처럼, 면접 준비

도 단순한 시간의 문제가 아니다. 진짜 감동은 '디테일'과 '진심'에서 나온다.

한 사례가 있다. 어느 지원자가 면접장에서 그 회사의 '사가社歌'를 외워 부른 일이 있었다. 사가를 가사 하나 틀리지 않고 부르기도 힘든데, 비재직자가 그 노래를 찾아 외워온 것이다. 그 장면을 지켜본 면접관 모두는 "이 사람은 정말 이 회사에 오고 싶어 준비한 사람"이라는 감동을 받았다.

물론 이런 감동은 극히 예외적인 사례다. 현실적으로는 시간과 노력을 최대한 들여 자신에게 맞는 직무와 기업, 그리고 그 기업의 문화에 대한 철저한 분석과 준비가 필요하다.

회사를 내가 선택한다기 보다는 선택된다는 점을 염두에 두고 처음부터 '나와 잘 맞는 곳'을 찾고, 그 기업에 집중해서 준비하는 것이 가장 빠르고 정확한 전략이다.

법칙

8

신입사원 1년, 생존보다 성장을 선택하라

김종찬

비행기 창밖의 상상은
현실이 된다

먼저, 치열한 경쟁을 뚫고 원하는 직장에 입사한 여러분께 진심 어린 축하의 인사를 전하고 싶다. 이제 여러분은 '취준생'이라는 끝을 지나, '신입사원' 혹은 '사회초년생'이라는 새로운 시작을 맞이하는 시점에 서 있다. 이 지점에서 필자는 '끝과 시작'에 대해 조금 이야기하고자 한다.

필자는 대학 시절부터 어떤 일을 시작할 때마다 그것이 끝났을 때의 모습을 먼저 상상하는 습관이 생겼다. 그 습관의 시작은 21살 때였다.

대학교 강의를 마치고 복도를 걷던 중, 우연히 일본어학연수 모집 포스터를 보게 되었다. 고등학교 때부터 취미 반, 영어 대체용 반으로 조금씩 일본어를 공부해 오던 터라, 그 포스터는 나의 시선을 사로잡았다. 그렇게 2주간 혼자 깊은 고민을 했고, 이후 부모님과 상의한 끝에 휴학을 결심하고 6개월간 일본 어학연수를 떠나게 되었다.

외국어 공부를 해본 사람이라면 알 것이다. 6개월이라는 시간이 결코 짧지 않지만, 실력의 향상 여부는 개인의 수준과 태도에 따라 다르다는 사실을. 당시 내 일본어 실력은 초급을 겨우 벗어난 정도였기에, 한국에서 더 준비하고 떠나는 것이 나았을 수도 있었다.

그러나 필자 준비를 마친 뒤, 생애 처음으로 비행기에 몸을 실었다. 활주로를 달리는 비행기의 진동이 온몸을 흔들고, 창밖 풍경이 점점 작아지기 시작하던 순간—그때부터 나의 '상상의 루틴'이 시작되었다. 앞으로의 6개월간의 일본 생활, 어학연수를 마치고 귀국하는 나, 그리고 언젠가 일본어를 활용해 일하는 나의 모습을 그려보았다.

일본에서의 6개월은 상상했던 것보다 훨씬 값진 시간이었다. 공부에 몰두하고, 아르바이트로 자립하며, 내 인생에서 가장 성실하고 행복했던 시기로 기억된다. 귀국 비행기에 앉아 있을 때, 출국 당시 상상했던 미래의 나와 현재의 나를 겹쳐보며 또다시 상상했다. '이제 나는 일본어를 사용하며 회사에서 일하게 될 것이다.'

그 후, 사회생활 6년 동안은 한국계 기업에서 근무했다. 그러던 어느 날, 일본계 기업의 인사담당자로부터 연락을 받고 새로운 기회를 얻어 이직하게 되었고, 지금은 일본어를 활용하며 직장생활을 이어가고 있다.

우리는 태어나는 순간과 죽는 순간을 제외하면, 언제나 '시작과 끝'이 반복되는 인생의 여정을 걷고 있다. 여러분도 지금, 또 하나의 시작점에 서 있다면 끝까지 상상하길 바란다. 단지 행복한 순간이나 중간까지만 상상하지 말고, 여러분이 그리는 '완전한 엔딩 장면'까지 머릿속에 그려보라. 그리고 그 상상을 현실로 만들기 위해, 인내심을 가지고 실행에 옮기길 바란다.

앞으로 이어질 나의 이야기들이, 그 여정에 작은 등불이 되기를 진심으로 희망한다.

첫 1년의
관계, 학습, 성과관리 전략

필자는 퇴근 후나 쉬는 날에는 집에만 있고, 밖에 나가거나 누군가를 만나는 것을 매우 귀찮아하는 편이다. 일본어로 '히키코모리引きこもり'라고 할 정도로, 어릴 때부터 집에 있는 것을 좋아했다.

그런 성향을 가진 필자도 회사에서는 일부러 기회를 만들어서라도 사람들에게 말을 걸고 대화를 나누려 노력했다. 주제는 업무 이야기일 수도 있고, 시시한 잡담일 수도 있다. 하지만 그러한 이야기 속에서 업무 인사이트를 얻거나, 동료들의 애로사항을 파악하고, 도움 줄 수 있는 요소들을 캐치해내곤 했다.

신입사원이 당장 할 수 있는 일은 무엇일까? 바로 '자신을 알리는 것'이다. "자신을 알려서 무엇을 할 수 있지?"라고 반문할 수 있겠지만, 비유하자면 새롭게 출시된 신상품이 아무리 훌륭하더라도 홍보가 제대로 되지 않아 소비자에게 도달하지 못한다면, 그 가치를 발휘하지 못하고 사라질 수도 있다.

여러분이 신입사원으로 입사한 순간, 바로 그 '신상품'이 된 것이다.

기존에 잘 팔리는 제품들도 있고, 함께 입사한 동기라는 경쟁 신상품도 있다. 그렇다면, 우선적으로 해야 할 일은 '자신을 알리는 것'이다.

선배, 동료들에게 먼저 다가가 긍정적인 이미지와 존재감을 인식시키고 관계를 맺어야 한다. 이른바 '사내 네트워킹'이다. 이러한 네트워킹을 통해 회사 생활에 필요한 정보와 지식은 물론, 예기치 않은 기회도 얻게 된다. 이 네트워크는 시간이 지날수록 더 넓어지고, 여러분의 자산이 될 것이다.

회사는 결국 사람이 모여 일하는 조직이다. 내가 아무리 뛰어난 역량을 가졌더라도 관계가 단절된 환경에서는 한계가 있다. 반대로, 내가 아직 부족하더라도 좋은 관계 속에서 배움을 얻고 채워질 수 있다. 따라서 나의 성향이 내향적이든 외향적이든, 회사 생활을 하기로 마음먹었다면 '관계의 힘'을 반드시 기억하자.

무엇이든 배워라,
반면교사도 교사다

무엇이든 배워라

종종 "내가 이 일을 왜 해야 하는지 모르겠다"라고 하는 직원이 있다. 이는 회사에서 맡겨진 업무가 본인의 직무가 아니거나 혹은 어떠한 이유에서 해당업무에 대해 납득성을 갖지 못한 체 맡게 되어 일을 하게 되었을 때라 생각된다. 이 때가 가장 생산성과 업무의 효율성이 떨어지는 결과를 보일 것이다. 하지만 신입사원인 여러분들에게는 그무엇 하나 왜 해야 하는지 의문을 가질 일은 없다고 생각한다.

필자가 주임시절 재직하던 회사는 경영지원팀이 팀장을 포함 9명으로 인사, 총무, 법무, 회계, 자금의 직무로 운영하였는데 당시 경영이 어려워지자 인원을 대폭 감소하여 6명으로 축소 운영하였다. 그 시절 필자는 인사를 메인으로 일부 법무와 자금까지 맡게 되었다. 그 때 필자가 딱 "내가 왜 자금업무를 해야 하는지 모르겠다."라는 생각을 가지고 있었다.

법무는 필자의 대학전공이 법학이라 납득하였지만 자금은 회계업무라 생각하였는데 당시 팀장은 나에게 전적으로 맡겼고 관련 지식과 경험이 이 없던 나로서는 매일 맨땅에 헤딩하듯 자금일보, cash-flow보고서, 반제처리 후 자금집행 등의 업무를 하였다. 그 경험은 약 6개월 이었고, 이직 후 다시 인사와 총무업무에 집중할 수 있었다.

시간이 흘러 과장정도의 레벨이 되었을 때 자금업무의 경험이 빛을 발하였다. 첫 사례로는 당시 팀장을 대신하여 인사, 총무의 연간 예산 입안을 하게 되었는데 자금업무를 통하여 아주 일부이지만 알게 된 지식 덕에 예산입안 업무에 대한 배경과 필요성, 진행방법 등이 이미 체득되어 있는 상태여서 수월하게 진행 할 수 있었다.

두 번째 사례는 회사에 ERP시스템을 도입하면서 회계팀과의 업무 연계가 수월 하였다는 것이다. 회계팀과 ERP 구축 회사간의 조정이 필요 할 때 양쪽의 회계언어를 어렴풋하게 라도 이해를 할 수 있어서 ERP 구축에 큰 도움이 되었다. 그 외에도 파트장, 팀장이 되어 여러 부서와 이야기를 나눌때 자금직무를 통하여 잠시마나 알게 된 회계언어와 관련 된 지식이 관리자의 업무를 하는데 있어서도 큰 도움이 되고 있다.

회사의 모든 업무는 유기적으로 이루어지는 팀플레이이다. 왼손이 하는 일을 오른손이 모를 수 없다. 아니 몰라서는 안 된다. 회사내에서 맡겨지는 업무가 당장에는 쓸모없거나 초라한 업무라고 생각될 지라도 그것이 언젠가는 경험치가 되어 새로운 업무 진행에 있어 초석이 될 수도 있을 것이다. 만에 하나라도 도움이 안되거나 쓸데없는 짓이 있을 수도 있다. 여러분은 신입사원이다 무의미한 업무 또한 해봐야 쓸데 없는 짓인지 의미 있는 업무였는지 판단할 수 있는 경험치를 가져다줄 것이다. 배울 수 있는 기회가 있다면 무엇이든지 손을 들어 도전하라.

반면교사도 교사다

"회사에서 배울 수 있는 선배, 상사가 없어요." 성장에 대해 이야기를 하다 보면 이런 하소연하는 후배, 동료들이 있다. 물론 배우고자 하는 자세 자체는 긍정적이며 좋은 자세이다. 실제로 회사에서는 배우고자 하는 의지 혹은 생각조차 없는 사람들을 많이 봤다. 그렇다고는 하지만 과연 배울 수 있는 선배, 상사가 없어서 성장을 하지 못한 것일까? 성장하고자 하는 희망사항은 있으나 의지는 있는 것인가? 라고 되묻고 싶다.

필자는 사회생활을 하면서 너무 운이 좋은 사람이었다고 생각한다. 여러 직장을 이직하며 만난 직장 선배들은 필자에게 너무나도 많은 배움과 본보기가 되어주었고 멘토가 되어 주었다. 지금의 필자가 인사 업무를 할 수 있었던 근간도 선배들의 도움이지 않았을까 싶다. 하지만 반대로 지금까지 만난 관리자들에게는 많은 아쉬움이 있다. 단 한번도 인사직무를 제대로 해본 관리자를 만나 본적도 없으며 한때는 대표이사에게 책임회피를 위하여 필자를 팔아먹는 관리자도 겪어봤다. 그렇다고 해서 그들에게서는 필자가 배울 것이 없었을까?

과거 필자의 마음가짐이기도 하며 현재 인사총무팀장으로서 각오이자 행동기준이 되는 것이 과거 필자의 관리자들의 반대되는 행동들이다. 이른바 반면교사를 삼고 있는 것이다. 필자가 당시의 관리자들을 좋지 않은 시선으로 기억하고 모든 것을 잊어버린다면 아무런 도움이 되지 못하고 인생에서 헛된 장면만 만들어졌을 것이다. 위에 무엇이든 배워라에서 서술했듯이 여러분들은 그 어떤 순간도 모든 것이 귀한 경험이다. 그 경험은 좋은 선배, 상사에게서만 배울 수 있는 것이 아니다. 배우고자 하는 의지이다. 의지를 가지고 있다면 여러분이 겪는 모든 것을 깊이 세길 것이고 좋은 것은 좋은 대로, 나쁜 것은 나쁜 대로 분류하여 미래의 여러분에게 좋은 지식과 기술로서 발현될 것이다.

피드백을
성장의 연료로 쓰는 법

피드백은 결국 소통능력이다

　먼저 이번 내용에서 전제를 두고 시작할 것은 관리자에게도 피드백 능력이 요구되지만 여기에서는 취준생, 신입사원을 대상으로 이야기하고 있기 때문에 관리자에 요구되는 능력은 제외하기로 하겠다.

　관리자로서, 인사담당자로서 직원들과 대화를 나누다 보면 피드백을 하는 입장과 피드백을 받는 입장에서 극명하게 차이가 나는 점이 한가지 있다.

　그것은 바로 피드백을 하고 받는 시간에 서로의 생각이 다르다는 것이다. 피드백을 하는 사람은 피드백을 하고 있으나, 피드백을 받는 사람은 피드백이라 생각하지 못하고 단순 대화를 나누거나 혼나고 있다고 생각하는 경우가 다반사이다.

　관리자에 따라서 혹은 상황에 따라서는 상대방에게 "자! 이제부터 피드백을 하겠습니다."라고 선언을 하고 자리를 마련하는 경우도 있겠지만 대다수의 경우 가벼운 소통의 자리에서 피드백을 하고 있다. 여기서 상호간의 괴리가 발생하는 것이다. 관리자가 위에서 말한 것과 같이 피드백을 하겠다고 선언을 하고 자리를 마련하면 상대방은 특히 신입사원과 같은 저연차 직원 긴장을 하거나 덜컥 겁을 먹는 경우가 많다. 반대로 가벼운 상황을 연출하여 피드백을 하면 단순 대화로 착각하고 피드백으로서 생각하지 못하는 경우가 발생하는 것이다.

피드백 또한 소통을 통하여 주고받는 것이다. 소통은 글로서 주고받을 수도 있지만 거의 대부분은 말로서 주고받는다. 특히나 최근의 트렌드는 상시혹은 수시평가&피드백이다. 관리자는 여러분들의 대한 행동이나 결과에 대해 발견 즉시 피드백을 하는 것이다. 그렇게 해야 부족한 점은 바로 개선이 되고 좋은 점은 더욱 발전이 된다는 것이다. 특히나 상시로 조직변경을 하는 회사라면 더욱 상시 피드백 문화가 자리 잡고 있을 것이다. 이른바 애자일 조직문화의 하나이다.

이러한 과정에 여러분들이 소통능력이 부족하면 피드백의 포인트를 캐치하지 못하거나 심하게는 피드백 기회 마저도 상실할 것이고 해당 조직문화를 따라 잡지 못하고 결국엔 도태되고 말 것이다.

피드백은 혼나거나 지적만을 받는 것이 아니다. 당사자의 행위, 태도에 대하여 듣는 것이다. 피드백을 받는 사람은 물론 종종 관리자들 마저도 피드백을 마치 혼내거나 지적만을 하는 것으로 오해하여 그 자리를 불편해 하는 경우를 종종 보게 된다. 그러나 피드백은 당사자의 행위, 태도가 어떠하였는지를 객관적으로 이야기 해줌으로써 당사자가 알지 못 했던 장점과 단점을 인식시켜 장점은 더욱 강화시키고 단점은 보완시키는 것이 목적이다. 그렇다면 피드백을 받는 여러분들의 태도는 어떠해야 겠는가? 앞서 피드백은 소통이라고 하였다. 피드백을 해주는 상대방관리자가 소통이 서툴 수도 있다. 그럼 여러분이 소통의 주도권을 가지고 적극적으로 피드백을 요청 하면 될 것이다. 본인의 행위, 태도에 있어서 관리자가 발견한 모습을 구체적으로 물어보고 확인하라. 소통은 일방적 행동이 아니다. 쌍방이 주고 받는 행동이다. 그렇기 때문에 피드백은 피드백을 받는 사람은 경청만 하는 수동적인 필요가 전혀 없다.

특히 '코로나19'이후 MZ세대들에게서 대면對面하는 것을 기피하는 문화가 이전 세대들보다 더욱 깊어져 소통의 방법이 다르거나 소통능력이 부족 할 수도 있다. 텍스트로 주고 받는 소통과 말로 주고 받는 소통의 차이는 큰 차이가 있다. 말로 주고 받는 소통에도 대면對面과 비대면非對面의 차이도 있다. 마주하여 말로 소통하는 것에 두려움을 갖지 말아라. '현장에 답이 있다'라는 말을 들어 봤을 것이다. 피드백 또한 대면하는 현장에 답이 있다. 피드백을 하는 현장에서 상대방의 언어와 표정, 몸짓 등 텍스트에서는 표현하지 못하는 피드백을 캐치하고 본인의 성장 밑거름으로 삼아야 할 것이다.

실행을 거듭하면 성과로 연결된다

피드백의 실행

위에서 강조했듯이 피드백의 시작이 소통능력이라면 마무리는 성과로 연결 짓는 것이다. 아무리 좋은 소통능력을 가졌더라도 성과로 연결 짓지 못한다면 그야말로 소 귀에 경읽기 아닌가? 그렇다면 어떻게 해야 성과로 연결되는 것인가?

그것은 실행이다. 피드백을 통하여 얻게 된 인사이트, 지식 등을 나의 행동으로 실행하는 것이다.

아주 단순한 예를 들어 보겠다. 빈번히 지각을 하는 신입사원이 있어서 상사는 신입사원에게 "너는 왜 맨날 지각하니"라고 지적을 하였다. 만약 여러분들이라면 이럴 때 어떻게 반응하겠는가? 대부분의 사람들은 "죄송합니다"로 끝난다. 그나마 발전적인 신입사원이라면 반성하고 '다음부터 지각하지 말아야지'하고 말 것이다.

여기서부터가 잘못된 것이다. 이미 상사는 신입사원에게 피드백을 하였다. 피드백은 상시 이루어지며 거창한 것도 아니고 소통이라고 하였다. "맨날 지각하니"라는 의사소통에서 문제의 태도를 피드백 하였다. 그렇다면 신입사원은 문제점에 대해 '왜'라는 원인분석을 해야 하고 원인분석에 따른 해결방안 모색, 마지막으로 해결방안의 실천으로서 마무리 지어야 한다. 이렇게 했을 때 상사의 피드백에 이은 지각하지 않는다 라는 성과로 연결이 되는 것이다.

또 다른 예로서 보고서를 작성하는데 좋은 예시자료들을 찾았고 이로 인해 양질의 보고서가 되었다고 칭찬 피드백 받았다. 이경우에는 무엇을 해야 하는가? 예시자료를 찾게 된 경로는 무엇이었는지, 그 예시자료는 보고서에 어떻게 매칭하였는지 등을 분석하여 본인의 노하우로 승화시키는 실천을 하면 이후 더 좋은 성과로 연결 될 것이다.

실행의 우선순위

여러분들은 하루하루 해야 할 업무들이 쌓여 있을 것이다. 그렇다면 여러분들은 그 쌓여 있는 업무를 처리하는 우선순위가 정해져 있는가? 누군가는 접수된 순서대로 할 것이고, 누군가는 상사가 시키는 순서대로, 누군가는 본인이 내키는 대로 일 것이다.

실행에도 우선순위를 정하고 그 우선순위에 따라서 처리해야 한다.

모든 업무에는 중요도와 긴급도를 기준으로 4가지 업무로 나눌 수 있다.

- 중요하면서도 긴급한 업무ex. 현안 중점과제
- 중요하지만 긴급하지는 않는 업무ex. 장기 과제
- 중요하지 않지만 긴급한 업무ex. 일상업무
- 중요하지도 않고 긴급하지도 않은 업무ex. 서류정리 등 잡무

본인에게 주어진 시간안에서 위의 우선순위로 시간분배를 하고 실행해본다면 보다 효율적인 실행력을 얻을 수 있을 거라 생각된다.

간단하고 쉽지 않은가? 여러분들 중 혹자는 '나도 이런 말은 하겠다'라고 할 수도 있을 것이다. 필자는 그러한 분들의 말을 부정하지 않는다. 단 필자가 하고자 하는 말은 실행을 하라는 것이다. 말은 누구라도 할 수 있다. 그러나 실행은 그 중에 누군가만 한다.

- 실패를 성장으로 바꾸는 인내 훈련

실패=월급, 인내=연봉인상

여러분들은 헬리콥터를 타본 적이 있는가? 군대 시절 모시던 대대장님께서 이런 질문을 하셨다. "세상에서 가장 재미있는 일과, 가장 재미없는 일이 무엇인가?" 나를 비롯한 그 자리에 있는 사람들은 대답을 못하였다. "세상에서 가장 재미있는 일은 내 돈을 지불하고 하는 일이고, 가장 재미없는 일은 내가 돈을 받고 하는 일이다." 이어서 하신 말씀이 "남들은 돈을 내면서까지 타고 싶어하는 헬기를 당신들은 돈을 받

아가면서도 타지만 싫어 하지 않느냐"라는 것이였다. 이 이야기를 꺼낸 이유는 월급과 일에 대한 관계성을 먼저 공유하고자 기억에 남는 일화를 소개했다.

그런데 만약 돈을 받고 월급하기 싫은 일을 하는 것이 아니라 나의 성장을 위한 실패를 할 수 있는 기회를 얻는데도 돈을 받는다면?

개인사업라면 한 두번의 실패로 사업이 파산이 날 수 있고, 인생이 요동칠 수 있다. 하지만 신입사원인 여러분들은 돈을 받아가면서 실패할 수 있는 기회를 얻었다. 물론 실패에 대한 질책은 있을 수 있겠지만 그 또한 여러분들에게 피드백이 되며 위에서 설명한 소통능력과 실행능력을 통하여 성과로 다시 연결 지을 수 있다. 여러분들이 손해 볼 것이 하나 없는 무대이다. 성공하면 노하우가 생길 것이고, 실패하면 피드백을 통한 성장을 할 계기가 마련될 것이다. 그렇게 한 세월 버티고 인내하고 자신을 단련해보아라 어느 순간 여러분의 실력은 쌓여져 있고 그에 걸 맞는 몸값을 받고 있을 것이다.

이제는 한직장에 오래 머무르는 시절은 지나갔다고 한다. 필자 또한 그 말에는 동의한다. 그렇다고 한직무에 금방 떠나는 것은 옳지 않다고 생각한다. 직장에 입사하는 시대가 아닌 직무에 입사하는 시기로서 인내를 가지고 꾸준히 한가지 직무에 대해서 전문성을 가지고 성장을 하길 바란다. 그렇게 할 수 있다면 '실패는 성공의 어머니'가 아니라 '실패는 월급의 어머니'일 것이요, '인내는 쓰나 열매는 달다'가 아닌 '인내는 쓰나 연봉은 달다'라고 말하고 싶다.

실행에 답이 있다

연차가 쌓이면서 필자 나름으로 각 연차 혹은 직급별로 공통적으로 요구되는 행동양식 이른바 역량을 정의내려 본적이 있는데 간단하게 소개해보고자 한다.

- **신입~사원:** 흉내내기의 단계, 전임자 혹은 선배들에게 업무를 배우는 단계
- **주임:** 이유파악 단계, 본인이 하고 있는 업무에 대한 이유를 알고 연계되는 업무를 알아가는 단계
- **대리:** 이론파악 단계, 업무의 원리, 근거 등 무엇으로부터 비롯하여 하는지 알아가는 단계
- **과장:** 활용단계, 본인의 업무에 있어서 어떠한 환경에서도 적용과 응용이 가능한 단계
- **과장이상:** 고도화 단계, 업무의 변형과 발전 고도화가 가능한 단계

여러분들은 위에서 말한 '신입~사원'의 단계로서 흉내내기의 단계이다. 흉내내기는 실행이다. 무엇을 고민하거나 연구해내는 고도의 시기가 아니다. 무엇보다 움직여야 할 시기라는 것이다.

위에서 언급한 신입사원으로서 성장을 위한 핵심 역량은 사람들과의 관계력, 인내력, 그리고 실행력 이렇게 3가지이다. 3가지 역량 중 실행력을 굳이 '그리고 실행력'이라고 따로 표현한 이유가 당연하고 쉽게 할 수 있는 말이면서도 실제 실행이 없다면 절대 현실화 되지 않기 때문이다.

이번 법칙뿐 아니라 본서에서 말하는 모든 법칙에서도 실행을 하지 않으면 공허한 외침으로 끝날 뿐이다. 학습이나 지도를 받으며 실행을 하면 더욱 좋은 성과를 낼 수 있겠지만 설령 그렇지 못하더라도 실행하라. 맨땅에라도 헤딩 해보아라. 인간은 고등생명체로서 학습능력을 가진 존재이다. 반복하다보면 맨땅에 헤딩도 노하우가 생길 것이다. 어디에 헤딩을 하면 답을 구 할 수 있는지를….

하다못해 인터넷 검색이라도 해보아라. 의외로 그것마저도 하지 않고 "경험이 없다, 할 줄 모른다." 라고 하는 사람들을 많이 보았다. 이는 감나무 아래서 가만히 입벌리고 앉아 있는 것과 무엇이 다른가? 적어도 나무를 때려보기라도 해야 감이 떨어 지지 않겠는가?

AI의 발전으로 정보와 지식은 넘쳐 날 것이다. 그것을 머리 넣고 사는 사람은 절대 없을 것이다. 이해와 활용을 하는 자가 살아 남고 경쟁력이 생길거라 생각한다. 이해와 활용 이 또한 그 무언가에 대한 실행 아니겠는가?

법칙 9

커리어는 마라톤,
단계별 전략이 필요하다

김상욱

조직 안팎에서
인정받는 사람은 다르다

　취업을 준비하는 취준생에게는 당장의 취업이 가장 중요한 과제이다. 하지만 장기적으로 보면 단지 취업에 성공하는 것만으로는 충분하지 않다. 이제 막 사회에 첫발을 내디딘 시기야말로 자신의 미래를 어떻게 설계할 것인지 고민하는 것은 지금이 바로 그 출발점이다. 목표를 명확히 하고 그 방향으로 준비를 시작하는 것이 가장 빠르게 원하는 커리어에 도달할 수 있는 방법이다. 특히 면접에서 10년 후 또는 20년 후의 자신의 모습을 묻는 질문은 빠지지 않는다. 이 장에서 다루는 내용은 그러한 질문에 대한 나만의 대답을 준비하는 데 자신만의 커리어 설계 방식을 발견할 수 있을 것이다.

　통계청에 따르면, 2025년 기준 한국인의 기대수명은 약 84.5세에 이를 것으로 전망된다. 현재 대학생인 여러분이 실제로 맞이하게 될 기대수명은 100세를 훌쩍 넘길 가능성이 높다. 이는 단순히 장수 시대를 뜻하는 것이 아니라, 더 오랜 시간 동안 경제활동을 이어가야 한다는 뜻이다. 정년이라는 개념이 사라지거나 대폭 연장될 수도 있으며, AI와 자동화의 발전으로 업무 방식과 환경 또한 근본적으로 변화하고 있다.

　이와 같은 흐름 속에서 우리는 전통적인 조직 중심 커리어 패러다임에서 벗어나야 한다. 많은 인구학자들은 인구구조 변화와 고령화가 노동시장에 큰 변화를 가져오고, 이에 따라 긱 이코노미Gig Economy와 같은 새로운 고용 형태가 점차 확산될 것으로 전망한다. 한편, 미래학자 토마스 프레이는 저출산과 고령화가 사회와 경제 성장에 중요한 영향을 미칠 것이라고 강조한 바 있다. 이러한 변화에 대응하기 위해서는 다양한 기술을 익히고 자신만의 전문성을 확보하여, 급변하는 시장에서 자신의 가치를 입증할 수 있어야 한다.

　또한 AI 기술의 빠른 확산은 새로운 직업을 만들어내는 동시에 기존 직업의 일부를 대체하고 있다. 이로 인해 노동시장 내 불확실성이 커지고 있으며, 이에 따른 커리어 전략도 달라져야 한다. 즉, 변화하는 시장 환경 속에서 어떻게 나만의 브랜드를 구축하고, 어떻게 평생을 성장할 수 있는 커리어로 연결해 갈 것인지를 고민하는 것이 필수적이다.

　이러한 고민에 대한 해답을 찾기 위해, 이번 장에서는 커리어 전략을 ①입사 초기 5년, ②경력 10년 차, ③장기적 관점의 평생직무라는 세 가지 시간축으로 나누어 살펴보고자 한다.

　첫째는 직장생활의 첫 5년, 즉 사회에 첫발을 내딛고 '일 잘하는 사람'으로 인정받기 위한 전략이다. 이 시기는 조직과 일에 적응하며 기본기를 다지는 시기이자, 첫인상으로 평생 커리어 이미지를 좌우할 수 있는 결정적인 시기이다.

　둘째는 입사 후 10년 내에 자신의 '몸값'을 두 배 이상 키우기 위한 성장 전략이다. 경력 중반에 접어들며 단순한 '업무 수행자'가 아닌 '성과 창출자'로서의 위상을 세워야 하며, 전문성과 기획력, 문제해결력 같은 핵심 역량이 결정적인 차이를 만든다. 이 시기에는 자신만의 차별화된 커리어 포트폴리오를 만들고, 시장에서 인정받는 인재로 도약하기 위한 전략적 경로 설정이 중요하다.

셋째는 평생직업 시대를 대비하며, 하나의 일만이 아니라 다양한 직무 경험과 대외적 영향력을 함께 확장해가는 장기적 관점의 커리어 전략이다. 이는 단순한 생존이 아니라, 지속가능한 영향력과 전문성을 쌓아가는 과정이며, 강의, 저술, 네트워크 활동 등 자기 브랜드를 확장하는 노력까지 포함된다. 이 시기를 어떻게 설계하느냐에 따라, 은퇴 이후의 삶까지도 주도적으로 살아갈 수 있는 기반이 마련된다. 단순히 일을 해내는 사람이 아니라, 스스로 커리어를 '디자인하는 사람'으로 성장할 수 있어야한다.

자신의 가능성을 세상과 연결하는 여정, '셀프 브랜딩'이라는 긴 항해를 함께 시작해보자. 지금 이 순간이, 진짜 나를 만들어가는 첫 출발점이다.

5년 차 전략:
인정받는 사람으로 성장하기

　직장 생활을 시작한 지 5년 이내는 대부분 신입사원에서 경력사원으로 전환되는 과도기이자, 조직 내에서 자신의 정체성이 자리 잡히는 매우 중요한 시기이다. 이 시기를 어떻게 보내느냐에 따라 향후 10년의 커리어 방향이 결정된다고 해도 과언이 아니다. 많은 신입사원들이 이 시기를 단순히 '지시받은 일에 충실하는 시기'로 여기지만, 실질적으로는 '나만의 업무 스타일'과 '일하는 방식'을 조직에 인식시키는 결정적인 시점이다.

　특히, 필자가 현장에서 오랫동안 경험한 바로는 이 시기에 가장 명확하게 드러나는 역량 차이는 바로 '문서화 능력'과 '기획력'이다. **2023년 잡코리아 신입사원 보고서에 따르면, 신입사원이 가장 어려움을 느끼는 업무 1위는 '보고서 작성'** 47.3% **이었다.** 이는 단순히 글쓰기 자체가 아니라, 정보 정리, 논리 구성, 문제 정의 능력까지 요구되기 때문이다.

　실제로 많은 팀장들이 신입사원을 평가할 때, 회의 후 회의록 정리,

업무 자료 작성, 기획안 초안 작성 등의 문서 작업을 통해 그들의 성장 가능성을 가늠하곤 한다.

또한, 문서를 잘 작성한다는 것은 단순한 정리를 넘어, 문제 인식부터 핵심 이슈 도출, 실행 계획 수립까지 기획 역량 전반이 통합된 결과물이기 때문이다. 따라서 초기 커리어를 시작하는 여러분에게 문서와 기획은 단지 '잘 써야 할 무언가'가 아니라, '자신의 가치를 조직에 전달하는 가장 명확한 도구'이다.

조직 입장에서 신입사원이 '업무를 잘 따라오는 사람'에서 '스스로 문제를 정의하고 해결 방향을 제시할 수 있는 사람'으로 성장하는 데 필요한 시간이 대략 3~5년이다. 이 시기를 효율적으로 보내기 위해서는 단순히 반복되는 업무 처리에 집중하기보다는, 각 업무의 목적과 연결된 큰 흐름을 파악하려는 노력이 필요하다. 즉, 단순 실행자가 아닌, 문제의식을 갖고 제안하는 사람으로 보이기 위한 전략적 접근이 요구된다.

그렇다면, 이러한 문서화 능력과 기획력을 어떻게 키워야 할까? 첫 단계는 '기록하는 습관'이다. 회의 내용을 단순히 받아 적는 수준을 넘어서, 회의의 핵심 논점, 각자의 주장 근거, 논의 과정에서 드러난 쟁점 등을 정리하며 기록하는 연습이 필요하다. 이러한 훈련은 단순한 보고를 넘어, 핵심을 짚어내는 사고력을 길러준다.

두 번째는 '프레임을 익히는 것'이다. 문제를 정의하고, 이를 해결하는 과정을 문서로 표현하려면 논리적인 틀, 즉 사고의 구조를 익혀야 한다. 대표적인 프레임으로는 피라미드 구조, MECE 원칙, 논리 트리 등이 있다. 이러한 도구들은 보고서나 기획안 작성 시 생각을 명확히 전달하는 데 매우 유용하다.

세 번째는 '문장력과 시각화 능력'을 함께 키우는 것이다. 명확한 문장은 독자의 이해도를 높이고, 불필요한 커뮤니케이션을 줄여준다. 더불어, 핵심 메시지를 강조하기 위한 표, 도표, 이미지 활용 능력도 기획 역량의 일부로서 매우 중요하다.

마지막으로는, 작성한 문서를 반드시 '리뷰 받고 피드백 받는 문화'를 경험하는 것이다. 상사의 코멘트나 동료의 의견을 통해 본인의 사고방식이 얼마나 전달되었는지 점검 받는 과정은 기획 능력을 한 단계 끌어올리는 계기가 된다.

요즘은 AI 회의 요약 시스템을 비롯한 다양한 디지털 툴이 등장하면서, 회의록 정리나 요약 작업을 AI에 맡기는 경우가 점점 늘고 있다. 예를 들어, 네이버의 클로바노트, 줌ZOOM의 AI 요약 기능, ChatGPT 기반 요약 플러그인 등은 회의 직후 실시간으로 핵심 내용을 요약해주는 기능을 제공한다. 그렇다면 이런 AI 툴이 있는데 왜 여전히 개인의 문서화 역량이 중요할까? 많은 이들이 'AI가 회의록을 정리해주면 그걸로 끝나는 것 아닌가?'라고 생각하기도 한다.

하지만 AI가 제공하는 요약은 어디까지나 '정보의 정리'에 가깝다. 중요한 것은 이 정보를 어떤 관점에서 바라보고, 무엇을 문제로 설정하며, 어떤 해결 방향으로 연결짓는가이다. 바로 이 지점에서 인간의 해석력과 기획력이 개입된다. 같은 회의 내용을 받아도 누군가는 단순 요약에 그치고, 누군가는 그 안에서 숨겨진 기회를 포착하고 실행 전략으로 발전시킨다. AI는 사고의 틀을 제공하지 않는다. 결론을 내리고 전략을 제시하는 것은 결국 사람의 몫이다.

그렇다면 나의 문서작성 능력 및 기획력은 어느 정도일까. 다음의 역량 진단표를 활용하여 간단하게 셀프 진단을 해보고 스스로 어느 영역에서 보완이 필요한지 확인해 보도록 하자.

초기 커리어 문서 및 기획 역량 진단표

역량 구분	질문 내용	나의 점수 (1~5점)
핵심 요약 능력	회의 또는 보고 내용을 핵심 중심으로 간결하게 정리할 수 있다.	
구조화 사고	기획안이나 보고서를 논리적인 구조로 체계적으로 전개할 수 있다.	
시각화 능력	표, 그래프, 도식 등을 활용해 정보를 효과적으로 전달할 수 있다.	
문제 정의력	주어진 과제의 핵심 이슈를 명확히 도출할 수 있다.	
대안 제시력	단순 보고를 넘어 현실적인 실행 아이디어를 제시할 수 있다.	
피드백 반영력	상사의 피드백을 반영해 문서의 완성도를 향상시킬 수 있다.	
AI툴 활용 능력	클로바 노트, ChatGPT 등 최신 업무 도구를 목적에 맞게 활용할 수 있다.	

* 각 항목별 4점 이상인 항목은 강점, 3점 이하인 항목은 집중 개발이 필요함

즉, 문서화 능력과 기획력은 단기간에 완성되는 기술이 아니라, 일상적인 업무 속에서 끊임없이 연습하고 피드백을 반영해 가며 다듬어 가는 역량이다. 이 역량이 일정 수준에 도달했을 때, 여러분은 단순한 신입사원을 넘어 '일의 방향을 제시하는 사람'으로 인정받을 수 있을 것이다. 그것이 바로 5년 내 우수사원이 되는 가장 현실적인 전략이다.

10년 차 전략:
몸값을 두 배로 높이는 방법

레드퀸 이펙트Red Queen Effect라는 개념이 있다. 이는 진화생물학자 리 반 베일른Leigh Van Valen이 1973년에 제안한 이론으로, 빠르게 변화하는 환경 속에서 정체된 존재는 결국 도태된다는 생존 전략을 설명한다. 이 개념은 오늘날 커리어 전략에도 그대로 적용된다. AI 기술, 디지털 전환, 유연한 고용 등 변화의 속도가 점점 더 빨라지는 지금, 변화를 따라잡지 못하면 결국 뒤처지게 될 수밖에 없다.

OpenAI의 샘 알트만과 DeepMind의 데미스 허사비스는 향후 10~15년 내 인간 수준의 인공지능AGI이 현실화될 수 있다고 전망하고 있다. 이는 향후 10년 내 대부분의 지식 노동이 AI에 의해 재편될 수 있음을 암시한다. 네이버의 클로바노트, 마이크로소프트의 Copilot, ChatGPT 등의 도구는 이미 실시간 회의 요약과 보고서 초안 작성을 가능케 하고 있다. 반복되는 문서 작성이나 단순 분석 업무는 더 이상 사람의 고유 영역이 아니게 될지도 모른다.

그렇다면 우리는 무엇으로 경쟁력을 증명할 수 있을까? 그것은 관점과 통찰력, 기획력, 그리고 실행력이다. 같은 자료를 두고도 누군가는 단순 요약에 그치고, 또 다른 누군가는 그 안에서 핵심을 꿰뚫고 새로운 방향성을 제시한다. 바로 그 차이가 몸값을 결정짓는다.

이러한 환경 변화 속에서 커리어의 주체는 회사가 아니라 개인이 된다. 지금은 내가 하는 일을 넘어, 나라는 사람이 어떤 문제를 해결할 수 있는 사람인지를 입증해 보여야 하는 시대다. 이제는 이직이 커리어 전략의 수단이 되기보다는, 끊임없이 자신의 전문성을 축적하고 입증하는 방식으로 커리어를 설계해야 한다.

그렇다면, 내 몸값을 두 배로 키우기 위해서는 어떤 점에 집중해야 할까?

첫째, 빠르게 변화하는 시대에 지속적인 학습은 선택이 아니라 생존 전략이다. PwC의 'Future of Work' 보고서에 따르면, 2030년까지 현재 일자리의 약 30%가 자동화될 가능성이 있다고 한다. 그런데 문화체육관광부가 발표한 '2023년 국민 독서실태 조사'에 따르면, 한국 성인의 약 57%가 1년에 책 한 권도 읽지 않는 것으로 나타났다. 이렇게 급속도로 변화하는 세상에서 과거의 지식에만 의존해 문제를 해결하려는 자세는 매우 위험하다. 변화의 흐름을 따라가지 못하는 순간, 우리는 전문가가 아닌 비전문가로 전락하게 될 수 있다. 지금 이 순간에도 새로운 지식과 기술은 계속해서 등장하고 있으며, 이를 학습하고 내 것으로 만들지 못한다면 몇 년 내 도태될 수 있다.

둘째, 현재 하고 있는 업무를 보다 큰 시야에서 객관적으로 바라보는 노력이 필요하다. 같은 업무를 10년 넘게 수행했다고 해서 반드시 전문가가 되는 것은 아니다. 내가 지금 맡고 있는 부서를 외부에 판다고 가정했을 때, 과연 얼마의 가치가 있을지 자문해보자. 그렇다면 나는 무엇부터 시작해야 할까?

우리 부서의 업무 방식이 최고인지, 다른 기업 대비 부가가치를 얼마나 창출하고 있는지, 그리고 성과와 이익률은 어떤 수준인지 점검해보아야 한다. 이처럼 스스로를 객관화하려는 시도를 통해 우리는 내가 맡은 업무의 본질과 가능성을 새롭게 보게 된다. 특히 새로운 사업 부문이나 TF Task Force에 참여해 기획부터 실행까지 전 과정을 경험하는 것은 큰 그림을 볼 수 있는 역량을 키우는 데 매우 효과적이다. 업무를 단순히 수행하는 데 그치지 않고, 일의 방향성과 전략까지 함께 고민할 수 있을 때 비로소 자신의 몸값을 높이는 커리어 전환이 이루어진다.

셋째, 시간관리에 대한 관점을 확장해야 한다. 신입 시절에는 주어진 업무를 시간 내에 효율적으로 끝내는 것이 핵심이지만, 경력 10년 차에는 조직 전체의 흐름을 고려한 전략적 시간 관리가 요구된다.

상사의 일정, 타 부서와의 협업 타이밍, 프로젝트 일정 등 전체 조직의 성과를 극대화하는 시간 활용 능력이 중요하다. 또한 '크로노스 Chronos'와 '카이로스 Kairos'라는 두 가지 시간의 개념을 떠올려 보자. 크로노스는 시계로 측정되는 양적 시간이라면, 카이로스는 의미 있고 결정적인 순간을 뜻한다. 단순히 시간을 관리하는 수준을 넘어, 나에게 진정으로 중요한 것이 무엇인지 인식하고, 그것을 실현하기 위한 집중의 시간을 설계할 수 있어야 한다. 이러한 접근은 단순한 생산성 향상을 넘어, 자기 성찰과 리더십 성장으로 이어지는 기반이 된다.

넷째, 외부로부터의 신뢰와 검증을 확보할 수 있는 자격과 성과를 구조화해야 한다. 필자는 채용 업무를 담당하며 수없이 많은 입사지원서를 접해왔다. 경력직 지원자들의 다수는 기존보다 큰 조직으로 이동하려는 목표를 갖고 있었다.

하지만 채용 결정자는 단순히 근속 연수나 이전 조직의 규모만으로 판단하지 않는다. 결국 중요한 것은 그 사람이 어떤 프로젝트를 수행했는지, 어떤 전문지식과 사고 체계를 갖추고 있는지에 있다. 특히 외부 학회나 세미나에서 자신의 업무를 발표한 경험이 있는 지원자는 높은 평가를 받는다.

실무 경험 뿐만 아니라 이론적 기반을 갖추고, 이를 외부적으로 증명할 수 있는 자격증, 수료증, 논문, 발표 자료 등은 개인의 시장 가치를 높이는 핵심 도구가 된다. 이러한 기반이 있다면 이직 이후 새로운 환경에서도 빠르게 적응하고, 자신의 역량을 다시 한번 증명해낼 수 있을 것이다.

그렇다면 지금의 나는 얼마나 준비되어 있을까? 아래의 핵심역량 진단표를 활용하여 현재 나의 역량 수준을 점검해보고, 집중적으로 보완해야 할 부분이 무엇인지 확인해 보자.

10년차 커리어 성장을 위한 핵심역량 진단표

역량 구분	질문 내용	나의 점수 (1~5점)
성과 지향 사고	본인의 업무 결과를 수치화 하거나 성과로 명확하게 설명할 수 있다.	
포트폴리오 구축력	주요 프로젝트 내용을 문서나 자료로 체계적으로 정리하여 보유하고 있다.	

대외 활동 경험	학회, 세미나, 외부 발표, 자문 등 외부 전문가 네트워크와의 접점을 가진 경험이 있다.	
자기계발 실행력	연간 자기계발 계획을 수립하고 이를 실질적으로 실행하고 있다.	
전문자격 / 수상경력	직무 관련 자격증 또는 외부 수상 실적 등 공신력 있는 성과 증빙 자료를 보유하고 있다.	
리더십 경험	프로젝트 총괄, 팀을 이끄는 역할 등 타인을 이끌고 성과를 낸 경험이 있다.	
조직 기여도	개인 성과 외에 팀과 조직 차원의 성과 향상에 기여한 구체적 사례를 말할 수 있다.	

* 각 항목별 4점 이상인 항목은 강점, 3점 이하인 항목은 집중 개발이 필요함

결론적으로, 직장생활 10년 차는 단순히 이직을 고려하는 시점이 아니라, "나는 누구인가", "어떤 문제를 해결할 수 있는 사람인가"를 명확히 정의해야 하는 커리어의 전환점이다. 이 시기를 기회로 삼아 자신의 역량을 구조화하고, 외부 시장에서도 통하는 사람으로 진화하는 것. 그것이 바로 몸값을 두 배로 높이는 가장 현실적인 전략이다.

장기 전략:
평생직무와 영향력을 디자인하라

과거 1990년대 한국의 대학 진학률은 약 33.2%에 불과했으나, 2020년대에는 대학 진학률이 70%를 넘어섰다. 이는 단순한 교육 수준 향상을 넘어, 명백한 학력 인플레이션이 현실화되었음을 보여준다. 과거에는 대학만 나와도 엘리트로 인정받던 시대였으나, 이제는 고등교육 이수자가 크게 늘면서 학사 학위만으로는 과거와 같은 경쟁력을 갖기 어려운 세상이 되었다. 학력 자체만으로는 더 이상 차별화 요소가 되기 어렵다는 뜻이다.

게다가 한국직업능력연구원의 조사에 따르면, 직장인의 약 80%는 현재 직무에서 요구되는 역량보다 자신이 더 높은 역량을 보유하고 있다고 응답했다. 그러나 같은 조사에서 최근 1년간 실제 자기계발에 투자한 직장인은 20%에 불과하다는 결과가 나왔다. 스스로는 뛰어나다고 믿지만, 실천은 부족한 '인식과 행동의 괴리'가 존재하는 것이다.

이러한 현상은 '지식의 저주Curse of Knowledge'라는 심리학 개념으로 설명할 수 있다. 이는 많은 지식과 경험을 가진 사람이 오히려 새로운 지식의 유입에는 소극적이 되며, 기존의 익숙한 방식만을 고수하려는 경향을 말한다. 늘 정보가 넘쳐나는 시대에 "지금 아니어도 된다"는 안일함이 작동하고, 그 결과 학습과 적응을 게을리하게 된다. 하지만 기술과 시장은 끊임없이 변화하고 있으며, 특히 AI 기술의 발전은 기존의 지식을 빠르게 무력화시키고 있다. 어제의 전문성이 오늘은 구시대 유산이 되는 시대. 이러한 상황에서는 끊임없는 자기 갱신과 평생학습이야말로 생존 전략이다.

그렇다면, 평생직무로 성장하기 위해 우리는 어떤 전략을 실천해야 할까?

첫째, 외부와의 연결로 시야를 확장하자. 오랜 시간 한 조직에만 몸담다 보면 그 환경에 최적화되어 다른 조직에서는 오히려 적응이 어렵게 되는 경우가 많다. 하지만 이제는 직장을 한두 번 바꾸는 것이 커리어에 부정적인 요소로만 작용하지 않는다. 새로운 환경을 경험하며 자신을 객관화하는 기회를 가질 수 있고, 외부 전문가들과의 교류를 통해 지금까지 몰랐던 시야를 얻을 수 있다.

업계 커뮤니티 참여, 외부 프로젝트, 자문 활동 등을 통해 외부와 지속적으로 연결되고 자신을 드러내는 것이 중요하다. 팀 페리스는 "당신의 네트워크가 곧 당신의 가치"라고 강조한다. 연결은 단지 사람을 만나는 것이 아니라, 자신의 커리어에 대한 객관적 진단을 가능하게 하고, 새로운 기회를 여는 창구가 될 수 있다.

둘째, 두 개 이상의 전문성을 융합하자. 이제는 하나의 전공이나 전문성만으로는 충분하지 않다. 공학과 경영, 디자인과 마케팅, 심리학과 IT처럼 전혀 다른 영역을 융합할 수 있는 사람, 즉 '양수겸장'의 역량을 가진 사람이 각광받는 시대이다. 전문가가 되려면 깊이도 중요하지만, 넓이 또한 무시할 수 없다.

다양한 분야의 언어를 이해하고 통합하는 능력은 조직 내에서 복잡한 문제를 해결하고, 새로운 가치를 창출하는 데 강력한 무기가 된다. 결국 '누가 할 수 있느냐'의 시대에서는 다방면의 사고와 실행력이 곧 경쟁력이 된다.

셋째, 자신을 외부에 드러내고 브랜딩하자. 아무리 뛰어난 역량이 있어도 외부에서 인식되지 않으면 기회는 찾아오지 않는다. 자신만의 강점과 전문성을 기반으로 콘텐츠를 만들고, 이를 외부에 공유하는 활동이 필요하다. 학회 발표, 외부 강연, 칼럼 기고, 산업전문 포럼 참여 등은 단지 PR 수단이 아니라, 나라는 사람의 브랜드를 세우는 실질적인 전략이다.

브랜딩은 곧 신뢰이며, 신뢰는 선택의 이유가 된다. 결국 브랜딩은 셀프 마케팅이 아닌 커리어 생존 전략이다.

넷째, 익숙한 틀을 벗어나 새로운 환경에 도전하자. 반복되는 업무 속에서 안정감은 생기지만, 새로운 학습은 줄어든다. 변화에 대한 불안보다 성장에 대한 갈망이 우선시되어야 한다. 사내 신규 프로젝트, 해외 연수, 타 부서 파견, 심지어 전혀 다른 산업군에서의 협업까지, 자신의 안전지대에서 벗어나려는 시도는 커리어에 깊이를 더해준다. 도전은 낯설지만, 낯섦 속에서 비로소 진정한 변화가 시작된다.

그렇다면 지금의 나는 얼마나 대외 영향력과 전문성 확장을 위한 준비가 되어 있을까? 아래의 표를 활용해 현재 자신의 커리어 외연 확장 수준을 점검해 보고, 어떤 부분을 더 보완해야 할지 확인해보자.

평생직무 및 대외 영향력 확장을 위한 진단표

역량 구분	질문 내용	나의 점수 (1~5점)
외부 네크워크 보유	동종 업계 또는 직무 관련 외부 네트워크를 보유하고 있다	
다분야 융합역량	두 개 이상의 영역에서 의미 있는 경험 또는 지식을 보유하고 있다	
브랜딩 활동 경험	강의, 발표, 기고 등 외부 채널을 통한 자기 표현 활동을 수행하고 있다	
새로운 도전 경험	직무 전환, 신규 프로젝트, 외부 협업 등 낯선 환경에서의 활동 경험이 있다	
영향력 있는 콘텐츠 생산	전문성을 기반으로 콘텐츠(글, 강연, 보고서 등)를 기획, 발표한 경험이 있다	
업계 전문가와의 협업	외부 전문가와의 협업 또는 산업 포럼 자문 경험이 있다.	
자기계발 실천 여부	매년 자기계발 계획을 수립하고, 학습, 자격증, 네트워크 활동 등을 실천하고 있다	

* 각 항목별 4점 이상인 항목은 강점, 3점 이하인 항목은 집중 개발이 필요함

결국, 평생직무를 위한 영향력 확장은 단순히 업무를 잘 수행하는 것을 넘어서, 자신의 가치를 시장과 사회에 적극적으로 증명하는 과정이다. 나라는 사람을 하나의 브랜드로 만들고, 이를 통해 끊임없이 기회를 만들어 나가는 것. 이것이야말로 셀프 브랜딩의 완성이며, 미래 커리어 전략의 핵심이라 할 수 있다.

이러한 실천을 위해, 초기의 다양한 업무 경험과 실패 경험도 긍정적으로 받아들일 필요가 있다. 《성공하는 사람들의 7가지 습관》의 저자 스티븐 코비는 "경력 초기에는 능숙하게 일을 처리하는 능력보다 다양

한 경험을 쌓는 것이 장기적 성공에 더 중요하다"고 강조한 바 있다. 특히 대기업의 시스템에만 익숙한 인재는 전환기에서 유연성을 발휘하지 못하는 경우가 많지만, 작은 조직에서 다양한 역할을 수행한 경험은 새로운 환경에서도 빠른 적응력과 문제 해결 능력을 갖추는 데 큰 도움이 된다.

또한, 평생 직무란 단순히 하나의 직무를 오랫동안 유지하는 것이 아니다. 급변하는 환경 속에서 자신이 가진 전문성을 다양한 방식으로 연결하고, 그 영향력을 확장하는 과정이다. 이 과정에서 중요한 것은 자신이 이미 가진 역량을 외부에 효과적으로 전달하고, 새로운 배움과 관계 형성을 통해 지속적으로 확장해 나가는 것이다.

결국 커리어는 조직 내 생존을 넘어, 업계와 사회 속에서 나를 드러내고 연결하는 과정으로 진화하고 있다. 평생 직무를 위한 전략은 결국 나의 이름이 '하나의 브랜드'로 기능할 수 있도록 만드는 여정이라 할 수 있다.

궁극적으로, 셀프 브랜딩의 본실은 속도가 아닌 '방향'에 있다

지금까지 살펴본 세 가지 시간축 '입사 5년 차의 우수사원 전략, 10년 차의 몸값 2배 전략, 그리고 평생 직무 전략'은 각 시기별로 커리어에서 반드시 짚고 넘어가야 할 실천 과제들이다. 하지만 이 모든 전략의 핵심은 속도보다 '방향'에 있다.

마이크로소프트 CEO 사티아 나델라는 "Learn-it-all은 Know-itall을 이긴다"는 말로, 지속적인 학습과 성장의 중요성을 강조했다. 커리어 역시 단기적인 성과에 만족하기보다, 장기적인 비전과 학습을 통해 스스로를 끊임없이 확장해 나가는 여정이어야 한다.

셀프 브랜딩은 화려한 경력이나 특별한 프로젝트에서 시작되지 않는다. 지금 현재 내가 있는 자리, 내가 맡은 업무 속에서 자신의 강점과 잠재력을 구체화하는 데서 출발한다. 그리고 이를 가능하게 하는 가장 현실적인 방법은 멘토링을 통한 정기적인 피드백과 자기 점검이다. 꾸준한 피드백은 방향의 정확성을 높이고, 브랜딩 전략을 현실에 맞게 조정할 수 있도록 돕는다.

궁극적으로 중요한 것은 '얼마나 빨리 가느냐'가 아니라, '어디로 가고 있는가'이다. 확실한 방향을 설정하고 그 길을 흔들림 없이 걸어가는 것, 그것이 커리어 전략의 본질이며, 셀프 브랜딩의 궁극적인 목표이다.

에필로그

"성공취업,
FIT하게 완성하자"

김기진

— 합격을 넘어, 나다운 커리어로 가는 여정을 시작하자 —

Issue: 왜 FIT한 취업이어야 하는가?

　AI 대전환 시대, 채용의 패러다임은 빠르게 바뀌고 있다. 이제 기업은 단순히 스펙이 뛰어난 사람보다, 조직과 직무에 적합한 인재를 찾는다. 이른바 '적합성FIT' 중심 채용이 확대되고 있다.
　더 이상 '많이 지원하면 언젠가는 되겠지'라는 방식은 통하지 않는다. 진짜 중요한 건 '어디든'이 아니라, '나에게 맞는 곳'을 찾는 전략적 접근이다. FIT한 취업은 내가 진짜 몰입할 수 있는 일, 내가 성장할 수 있는 환경을 찾는 여정이다.

Fact: 무엇을 준비해야 하는가?

성공적인 FIT 취업을 위해 준비해야 할 세 가지 핵심 역량이 있다. 첫째는 자기이해이다. 나의 강점, 흥미, 가치관을 명확히 알고, 어떤 환경에서 가장 잘 성장하는지 파악해야 한다. 둘째는 표현력이다. 내가 가진 역량과 가능성을 효과적으로 전달할 수 있는 커뮤니케이션 능력이 중요하다. 셋째는 커리어 전략이다. 현재의 취업만을 목표로 하지 않고, 장기적인 커리어 방향까지 고려한 전략적 준비가 필요하다. 이 세 가지 요소는 서로 연결되며, 균형 있게 준비될 때 진정한 FIT 취업이 가능해진다.

Think: 무엇이 나를 차별화하는가?

취업 시장에서 경쟁자는 많다. 하지만 차별화의 핵심은 '남보다 잘하는 것'이 아니라, '나만의 경험을 나만의 방식으로 쌓는 것'이다. 단편적인 경험의 나열이 아닌, 문제해결 중심의 스토리를 구성하는 것이 중요하다. 내가 어떤 상황에서 어떤 문제를 어떻게 해결했는지를 스토리텔링으로 보여줘야 한다. 단순한 경력이 아닌, 직무 중심 내러티브를 만드는 시대이다. 바로 이것이 나를 돋보이게 하는 힘이다.

Plan: 어떻게 실행할 것인가?

FIT 취업을 위한 구체적인 실행 전략은 다음과 같다.

- STEP 1. 자기이해 워크북 완성
  FIT 진단 도구와 자기이해 워크시트를 통해, 나의 직무/조직 적합성을 구체화한다.
- STEP 2. 경험 포트폴리오 디자인
  공모전, 인턴, 동아리 활동 등 다양한 경험을 단순 나열하지 말고, 전략적 흐름으로 재구성하자. AI 기반 포트폴리오 툴을 활용하면 도움이 된다.
- STEP 3. 자기소개서 & 면접 시뮬레이션
  자소서는 팔리는 나를 설계하는 도구이며, 면접은 나를 디자인하는 시간이다. AI 면접 준비와 시뮬레이션 훈련을 반복하자.
- STEP 4. 커리어 로드맵 수립
  입사 후 1년간의 성장 목표, 관계 전략, 이직 또는 커리어 전환까지 포함한 장기 커리어 디자인을 구체화하자.

Result: FIT 취업의 결과는 무엇인가?

FIT 취업의 결과는 단순한 '합격'이 아니다. 내가 잘할 수 있고 흥미 있는 일을 할 때, 성과와 만족도는 자연스럽게 따라온다. 나와 맞는 조직 문화 속에서의 소통과 협업은 더 강한 관계를 만든다. 현재의 경험이 미래의 커리어로 자연스럽게 연결된다. 결국, FIT 취업이란 '나를 이해하고, 전략적으로 표현하며, 미래를 주도적으로 디자인하는 힘'을 기르는 것이다.

Insight: 스스로에게 질문해 보라

이제 마지막 질문을 던져보자. 나는 지금, 남의 기준에 맞추고 있는가? 나의 경험은 나만의 방식으로 재해석되었는가? 내 커리어는 단순한 직장이 아닌, 나다운 여정을 위한 설계인가? "나는 나다운 방식으로 취업 FIT을 하고 있는가?"

이 책을 덮는 지금, FIT한 질문에서 FIT한 인생이 시작된다.

부록

FIT

취업 FIT 실전 준비를 위한
핵심 부록 3종

부록 1. 취업 FIT 진단 워크북
부록 2. 경험 설계 & 포트폴리오 매핑 시트
부록 3. 자기소개서 & 면접 실전 키트

👍 부록 1. 취업 FIT 진단 워크북

   이 워크북은 대학생들이 자신에게 맞는 직무와 조직을 찾을 수 있도록 도와주는 자기이해 진단 툴킷이다. 단순히 '하고 싶은 일'을 찾는 것을 넘어서, 자신이 잘할 수 있고, 몰입할 수 있으며, 지속적으로 성장할 수 있는 환경을 발견하는 것을 핵심 목표로 삼고 있다.
   이 워크북은 총 4개의 실습 항목으로 구성되어 있으며, 각 항목을 따라가며 작성하면 나에게 맞는 직무, 조직, 일하는 방식에 대한 구체적인 단서를 얻을 수 있다.

1. 자기이해 워크시트(강점·가치·성격유형)

① 나의 강점 찾기

   자신의 강점을 찾기 위해 아래 질문에 솔직하게 답해보는 것이 출발점이다. 강점은 단순히 잘하는 것이 아니라, 노력하지 않아도 자연스럽게 발휘되는 능력, 혹은 타인이 자주 인정해주는 나만의 장점이다.

[생각해볼 질문]
- 내가 남들보다 쉽게 잘하는 것은 무엇인가?
- 주변 사람들이 자주 칭찬했던 나의 모습은 어떤 것인가?

- 최근에 뿌듯했던 경험은 무엇이며, 그 이유는 무엇인가?

[강점 예시 키워드]
계획력, 발표력, 관찰력, 공감능력, 실행력, 조정능력, 분석력, 유머감각, 창의력 등

✏️ **실습:** 위 질문을 바탕으로 나의 강점 TOP 5를 선정한 뒤, 각각의 강점이 발휘된 실제 사례를 함께 작성해보는 방식이다. 예를 들어, "계획력"이라는 강점은 어떤 프로젝트에서 일정을 체계적으로 관리해본 경험과 연결해볼 수 있다.

② 나의 가치관 정리하기

가치관은 내가 인생이나 일에서 중요하게 여기는 기준이다. 어떤 사람은 '안정된 환경'을, 어떤 사람은 '도전과 변화'를 가치 있게 여긴다.

[가치 키워드 예시]
도전, 안정, 성장, 배움, 공정, 창의성, 소속감, 성취감, 자율성, 영향력, 협업 등

[실습 방법]
- 위 예시 중에서 나에게 중요한 가치 5가지를 골라보자.
- 각 가치를 선택한 이유와, 그 가치를 중요하게 느꼈던 실제 경험을 적어보자.

🔍 **예시:** "나는 '공정'을 중요하게 여긴다. 동아리 활동 중 회비 운영 방식에 문제를 제기하고 개선안을 제시했던 경험이 있다."

⇒ 이렇게 정리한 가치관은 이후 조직문화 선택 시, 어떤 환경에서 일해야 몰입할 수 있는지를 판단하는 기준이 된다.

③ 성격유형 체크(간단 MBTI 또는 성향 자가진단)

성격유형은 나의 행동 방식, 에너지 소모 방식, 일 처리 성향 등을 통해 직무 스타일을 이해하는 데 유용한 단서가 된다.

[자가진단 문항 예시]
- 나는 계획을 세우고 실행하는 것을 선호한다 계획형.
- 즉흥적으로 움직이는 것을 즐긴다 즉흥형.
- 사람들과 어울릴 때 에너지를 얻는다 외향형.
- 혼자 있을 때 집중이 잘 된다 내향형.
- 감정에 민감한 편이다 감정형.
- 논리와 분석 중심으로 사고한다 사고형.

[성향 기반 직무 추천 예시]
- **외향적 + 실행형**: 영업, 기획, 마케팅 직무에 적합
- **내향적 + 분석형**: 데이터 분석, 연구개발, 재무 직무에 적합
- **감정형 + 공감형**: 상담, 교육, HR, 고객 서비스 직무에 적합

✏️ **실습:** 간단한 MBTI 테스트 혹은 위 문항들을 바탕으로 자신의 성향을 도출하고, 그에 맞는 직무 키워드를 적어본다. 도출된 자신의 성향을 주어진

상황과 목적에 따라 변화될 수 있지만, 대체적으로 일관성을 갖는 특성이 있기 때문에 기본적인 자신의 성향을 인지하고 있는 것은 매우 중요하다.

💡 활용 팁 요약
- 이 워크시트는 단순히 자신을 평가하는 도구가 아니라, 자신의 내면을 구체화하고 직무와 연결하는 사고 연습 도구이다.
- 자기이해는 자소서, 면접, 진로설정의 기초가 되는 출발점이다.
- 꼭 손으로 적어보며 작성하길 권장한다. 생각을 말로 표현하는 것과 손으로 써보는 것에는 분명한 차이가 존재하며, 손글씨는 더 깊은 통찰을 이끌어내기 때문이다.

이 워크시트를 완성하면 다음을 명확히 알 수 있다.
- ✅ 나는 무엇을 잘하고, 어떤 상황에서 몰입하는 사람인가?
- ✅ 나는 어떤 가치를 중요하게 생각하고, 어떤 조직 분위기에 맞는가?
- ✅ 나의 성향과 연결된 직무는 무엇인가?

이제 다음 단계로, 내가 가진 특성과 전공을 바탕으로 '전공-직무 연결 매핑표'를 작성해보자.

2. 전공-직무 연결 매핑표

전공은 단지 학위의 대상이 아니라, 나의 학습 기반이자 진로 방향

설정의 핵심 재료이다. 이 활동에서는 전공에서 배운 내용을 바탕으로, 그 지식과 기술이 어떤 직무에 연결될 수 있는지를 구조적으로 탐색하게 된다.

STEP 1. 전공에서 배운 주요 과목/기술 나열하기

가장 먼저, 본인의 전공에서 인상 깊게 배운 과목이나 프로젝트, 습득한 기술을 떠올려보자. 단순히 과목명을 나열하는 것이 아니라, 그 안에서 배운 개념이나 활동을 구체적으로 적는 것이 좋다.

🔍 예시: 경영학과 → 마케팅, 회계원리, 조직관리, 재무관리, 데이터분석, 인사관리 등

STEP 2. 각 과목/기술이 연결될 수 있는 직무 찾기

이제 각 과목 또는 기술이 현실의 어떤 직무와 연관될 수 있는지를 찾아본다. 자신이 흥미를 느끼는 연결고리도 함께 표시하면 효과적이다.

- 마케팅 과목 → 브랜드 마케터, 콘텐츠 기획자, 광고 AE
- 회계 과목 → 재무회계 담당자, 세무사무소 직원, 재무분석가
- 데이터분석 → 마케팅 데이터 분석가, CRM 분석가, BI 전문가
- 인사관리 → 인사담당자, 조직개발 컨설턴트, 리크루터

STEP 3. 과목과 연결 가능한 직무 리스트를 표로 정리하기

전공 과목	배운 내용 요약	연결 가능한 직무 예시
마케팅	고객 분석, 브랜드 전략 수립	브랜드 마케터, 콘텐츠 기획자
회계원리	재무제표 해석, 원가계산	재무회계 담당자, 세무사무소 직원
조직관리	조직 구조, 리더십, 동기이론	HRD 담당자, 조직 컨설턴트
데이터분석	엑셀, 통계 분석, 시각화 도구 사용	CRM 분석가, 데이터 마케팅 전문가
인사관리	채용, 평가, 교육 운영 실습	인사 담당자, 채용 코디네이터

💡 활용 팁

- 전공 과목은 곧 나의 '경험 기반 자산'이다. 그 과목에서 배운 내용과 실제 직무를 연결하는 사고 훈련을 통해, 직무 선택의 방향성과 자신감을 동시에 얻을 수 있다.
- 이후 자기소개서 작성 시에도 "전공 과정 중 ___을 배우며 ___직무에 흥미를 가지게 되었다"와 같이 구체적 문장으로 활용할 수 있다.

3. 조직문화 FIT 자가진단 체크리스트

직무가 나에게 맞는지 판단하는 것도 중요하지만, 그보다 더 실질적인 몰입과 성장은 어떤 조직 분위기에서 일하는가에 따라 달라질 수 있다. 조직문화는 단순히 분위기의 차원이 아니라, 나의 가치관과 업무 방식이 존중받고 발휘될 수 있는 환경인지 여부를 결정하는 핵심 요소이다.

이 실습은 나의 성향과 조직문화 간의 '적합성FIT'을 진단해보기 위한 체크리스트이다.

[조직문화 자가진단 문항 예시]
아래 10가지 문항에 대해 자신의 생각과 가장 가까운 항목에 O 또는 X를 표시해보자.

1. 나는 수직적인 구조보다는 수평적인 분위기를 선호한다. (O / X)
2. 나는 안정보다는 변화와 도전을 더 선호한다. (O / X)
3. 나는 경쟁보다는 협력을 중시한다. (O / X)
4. 나는 정해진 룰보다는 자율적인 환경에서 성과를 내는 편이다. (O / X)
5. 나는 조직의 일원으로서 팀워크를 중요하게 생각한다. (O / X)
6. 나는 소통이 활발한 조직이 더 일하기 편하다고 느낀다. (O / X)
7. 나는 창의성과 실험이 장려되는 문화를 좋아한다. (O / X)
8. 나는 실패를 비난하기보다는 학습 기회로 보는 조직을 선호한다. (O / X)
9. 나는 나이에 상관없이 의견이 존중되는 문화를 원한다. (O / X)
10. 나는 독립성과 책임을 부여받는 환경에서 더 몰입할 수 있다. (O / X)

✎ 실습 방법
- O라고 표시한 항목이 몇 개인지 세어보고, 아래와 같이 유형별로 나의 조직문화 선호 경향을 분류해 본다.

[조직문화 유형 예시]
- O가 7개 이상이며, 자율성·창의성·수평성 항목에 체크한 경우 → 스타트업형 조직 선호
- O가 4~6개이며, 균형 잡힌 항목에 체크된 경우 → 하이브리드형 조직 선호
- O가 3개 이하이며, 체계성·안정성·명확한 규율에 체크한 경우 → 대기업형 조직 선호

💡 활용 팁
- 직무가 아무리 매력적이어도, 나와 맞지 않는 조직문화에서는 스트레스를 받고 성과를 내기 어렵다.
- 이 진단을 통해 나의 가치관과 조직 분위기가 얼마나 일치하는지를 사전에 인식하는 것이 중요하다.
- 향후 기업 탐색, 면접 준비 시에도 "나는 이런 조직문화를 선호하며, 그 이유는 제 경험과 성향 때문입니다"라고 말할 수 있도록 연결해보자.

이제 조직 FIT을 진단한 결과를 바탕으로, 내가 몰입하고 성장할 수 있는 '직무 우선순위 도출표'를 작성해보자.

4. FIT 직무 우선순위 도출표

직무 선택은 단순히 흥미나 인기만으로 결정되는 것이 아니다. 실제

로 나의 강점이 발휘될 수 있으며, 가치관과도 맞고, 조직문화까지 어울리는지를 고려해야 한다. 이 도구는 세 가지 기준을 바탕으로 내가 고려하고 있는 직무를 비교하여 우선순위를 정하는 데 도움을 준다.

STEP 1. 고려 중인 직무 3가지 선택하기

가장 관심 있는 직무 3가지를 먼저 선택한다. 예를 들어, ① 마케팅, ② 인사관리, ③ 서비스기획 등으로 설정할 수 있다. 본인의 관심사에 맞는 직무를 대비하여 체크해 보기 바란다.

STEP 2. 아래 기준에 따라 각 직무에 점수 매기기 (1~5점)

고려 직무	흥미도 (1~5점)	강점과의 연관성 (1~5점)	가치관과의 일치도 (1~5점)	총점 (15점 만점)
마케팅				
인사관리				
서비스기획				

STEP 3. 총점 기준으로 우선순위 정하기

표에서 계산한 총점을 기준으로 가장 높은 점수를 받은 직무가 현재 나에게 가장 FIT한 직무일 가능성이 높다. 점수가 높은 직무일수록 나와의 FIT 가능성이 높으며, 해당 직무에 집중해 준비할 필요가 있다. 이 도구는 '선택의 이유'를 명확히 하여, 자기소개서나 면접에서 직무 지원 동기를 논리적으로 설명하는 데도 도움이 된다.

✏️ 실습 예시

고려 직무	흥미도 (1~5점)	강점과의 연관성 (1~5점)	가치관과의 일치도 (1~5점)	총점 (15점 만점)
마케팅	5	4	5	14
인사관리	4	5	4	13
서비스기획	3	3	4	10

총점을 기준으로 우선순위를 정리하면, 마케팅 〉 인사관리 〉 서비스 기획 순으로 나타난다. '뭘 해야 할지 모르겠다'는 막연함에서 벗어나, 자신과 잘 맞는 직무부터 집중해서 준비할 수 있다.

✅ 활용 포인트 요약

- 이 워크북은 단순히 나열식으로 생각하지 않고, '왜 이 직무인가?'를 스스로 설득하는 힘을 키우는 데 도움이 된다.
- FIT 진단은 진로 설정의 출발점이며, 자기소개서와 면접 준비의 기반이 된다.
- 출력하여 직접 작성해보는 것이 좋다. '생각'보다 '기록'이 더 많은 것을 보이게 한다.

진단 결과의 분석을 통해 나는 어떤 강점을 가진 사람인가? 나는 어떤 가치관과 성향을 지녔는가? 나에게 잘 맞는 직무와 조직은 무엇인가?에 대해 성찰해 보기 바란다. 직무 선택은 단순히 선호만으로 결정할 수 없다. 내가 실제로 몰입하고, 강점을 발휘할 수 있으며, 가치관이 반영되는 직무를 우선순위에 두는 것이 현명한 전략이다.

👍 부록 2. 경험 설계 & 포트폴리오 매핑 시트

자신의 다양한 경험들을 직무 역량 중심으로 구조화하고, 스토리텔링이 가능한 형태로 정리할 수 있도록 돕는 실습형 도구이다. 단순히 경험을 나열하는 것이 아니라, 전략적으로 설계된 포트폴리오로 발전시키는 과정이 핵심이다. 아래는 자소서, 면접, 포트폴리오 활용까지 이어지는 통합 설계 기반이다.

1. 경험 리스트업 & 키워드 정리

STEP 1. 내가 했던 모든 활동을 떠올려보자

가장 먼저 해야 할 일은 지금까지의 대학 생활 속에서 자신이 참여한 다양한 활동을 떠올리는 것이다. 이는 단순히 스펙을 정리하는 것이 아니라, 나의 행동, 책임, 그리고 결과를 되짚어보는 자기 성찰의 과정이다.

아래 질문을 통해 활동 목록을 빠짐없이 정리해보자.

- 어떤 동아리나 학회에 참여했는가?
- 어떤 공모전, 대외활동, 프로젝트에 참가했는가?
- 아르바이트나 인턴십을 한 적이 있는가?
- 학과 수업이나 발표에서 주도적으로 기획하거나 참여한 경험이 있는가?

- 자원봉사나 리더십 활동, 멘토링 경험은 있는가?

🔍 **예시 활동 영역**
- 동아리: 기획/홍보부, 공연/연극 동아리, 사회봉사 동아리 등
- 아르바이트: 카페, 서점, 사무보조, 학원 조교 등
- 인턴십: 기업 인사팀, 마케팅부서, 기획실 등
- 공모전: 콘텐츠 제작, 마케팅 기획, 정책제안 등
- 수업 활동: 팀 프로젝트, 사례 발표, 학술 논문 작성 등
- 자율 프로젝트: 친구들과 만든 개인 앱, 영상 제작, SNS 브랜딩 운영 등

지금은 무의미하게 느껴질 수 있는 경험이라도, 직무 관점에서 보면 소중한 자산이 될 수 있다.

중요한 것은 경험의 '이름'이 아니라, 그 안에서 내가 어떤 '역할'을 했고, 어떤 '가치'를 만들어냈는지이다.

STEP 2. 각 활동마다 아래 항목을 간단히 기록하자
- 활동명
- 참여 시기 및 기간
- 내 역할 및 담당 업무
- 주요 성과 또는 배운 점

STEP 3. 각 경험에 대해 핵심 키워드 3개씩 도출해보자

예: '소통', '기획', '데이터 분석', '문제 해결', '팀워크' 등

실습표 예시

활동명	기간	주요 역할	핵심 키워드
마케팅 공모전	2023.5~7	소비자조사, 자료 분석, 발표	데이터 분석, 발표력, 협업
인턴십 (인사팀)	2023.7~8	입사자 교육자료 제작	커뮤니케이션, 책임감, 교육설계

단순히 '했다'는 활동이 아니라, '무엇을 했고, 어떤 역량을 쌓았는지'를 중심으로 정리하는 것이 중요하다.

2. STAR 기법 기반 경험 정리 템플릿

STAR 구조란?

- S (Situation): 상황은 어땠는가?
- T (Task): 맡은 과제는 무엇이었는가?
- A (Action): 내가 한 행동은 무엇인가?
- R (Result): 어떤 결과가 나왔는가?

활동별 STAR 작성 템플릿

- 활동명:
- 직무 관련 역량 키워드:

- S:
- T:
- A:
- R:

🔍 예시: 콘텐츠 마케팅 공모전 참여
- S: 제품 인지도가 낮아 마케팅 전략이 필요한 상황
- T: 우리 팀은 소비자 조사를 통해 핵심 타겟을 정의하고 콘텐츠 전략을 기획하는 과제를 맡음
- A: 구글 설문, SNS 분석, 경쟁사 벤치마킹을 통해 자료 수집 → 콘텐츠 시안 3개 제작
- R: 발표 심사에서 '소비자 중심 기획' 항목 최고 점수 획득

💡 활용 팁: 한 경험마다 STAR 작성 후, 직무와 연결되는 키워드를 명확히 설정해두면 자소서나 면접에서도 일관성 있는 스토리 전달이 가능하다.

3. 직무 역량 기반 포트폴리오 매핑

STEP 1. 목표 직무에서 요구하는 역량을 정리하자

🔍 예: 기획직무 → 문제해결력, 논리적 사고력, 협업능력, 데이터 해석력

STEP 2. 나의 경험 중 어떤 활동이 해당 역량을 보여주는지 연결해보자

직무 역량	관련 경험 활동	키워드
문제해결력	공모전 아이디어 제안, 동아리 문제 조율	창의성, 분석력
협업능력	조별과제 리더, 인턴십 프로젝트 공동 작업	커뮤니케이션, 조정력
데이터 분석력	고객 설문조사 설계, 엑셀 기반 통계 작업	정량분석, 보고서 작성

STEP 3. 최종 포트폴리오 구조 정리

- **포트폴리오 목차:** ① 소개 / ② 경험 개요 / ③ 역량별 정리 / ④ 직무 연관성 강조 / ⑤ 학습과 성장
- **형식:** PDF 슬라이드, Notion, Google Slide 등 디지털 포맷도 활용 가능

단순히 경험을 나열하는 것에서 벗어나, 직무별 역량을 전략적으로 연결한 구조는 지원자의 전문성과 몰입도를 높여준다.

이 시트를 작성하면서 스스로 정리해 보자. 나는 어떤 경험에서 어떤 역량을 쌓았는가? 나의 경험은 목표 직무와 어떻게 연결되는가? 내 경험을 스토리와 포트폴리오로 어떻게 표현할 것인가?

👍 부록 3. 자기소개서 & 면접 실전 키트

대학생들이 자기소개서와 면접에서 자신을 설득력 있게 표현하는 실전 기술을 연습하고, 실제로 사용할 수 있는 답변을 완성할 수 있도록 돕는 실습형 템플릿이다. '나를 글로 팔기, 말로 표현하기'를 주제로 구성되어 있으며, 실전에서 바로 활용 가능한 네 가지 핵심 도구로 구성된다.

1. 문항별 키워드 브레인스토밍 시트

자기소개서를 잘 쓰기 위해서는 우선, 자주 나오는 문항의 의도를 파악하고, 이에 맞는 자신의 경험과 키워드를 정리하는 연습이 필요하다.

🔍 자주 출제되는 자소서 문항 예시
- 성장과정 및 성격의 장단점
- 지원동기 및 입사 후 포부
- 본인의 핵심 역량과 이를 발휘한 경험
- 협업 또는 갈등 상황에서의 대처 사례

브레인스토밍 시트 구성 예시

문항 유형	나의 키워드	관련 경험	전달 메시지
성장과정	책임감, 꾸준함	고등학교 학급회장 경험	어려운 상황에서도 맡은 역할을 끝까지 수행함
역량 경험	분석력, 소통	마케팅 공모전	팀 내 갈등 조정 + 논리적 보고서 작성 능력 입증

각 문항에 대해 '핵심 키워드 → 실제 경험 → 전달 메시지'의 구조로 정리하면 글의 방향성이 명확해진다.

2. 문제해결형 문장 구성 가이드

좋은 자기소개서는 단순한 이야기 나열이 아니라, 논리적이고 문제해결 중심의 서술 구조를 가진다. 이때 사용할 수 있는 기본 문장 프레임은 아래와 같다.

[문장 구성 프레임]
1. "~한 상황이 있었습니다."
2. "그 상황에서 제가 맡은 역할은 ~였습니다."
3. "문제를 해결하기 위해 ~한 방식으로 접근했습니다."
4. "그 결과 ~라는 성과를 낼 수 있었습니다."

🔍 **예시 문장 구성**

고객 반응이 좋지 않았던 SNS 콘텐츠 운영 경험을 소개할 경우:
- **상황:** SNS 콘텐츠 조회수가 떨어지는 문제 발생
- **역할:** 팀 내 기획 담당자로 문제 진단 및 개선안 도출
- **행동:** 분석툴을 활용해 타겟 행동패턴을 조사하고, 피드백을 반영한 시리즈 콘텐츠 기획
- **결과:** 콘텐츠 평균 조회수 200% 상승, 팀 성과 발표에서 우수 사례 선정

💡 **활용 팁:** 이 문장 구조는 자기소개서뿐 아니라 면접에서도 그대로 사용할 수 있다. 논리적인 사고 흐름과 실제 행동 중심으로 답변을 연습해보자.

3. 면접 예상 질문 30선 & 핵심 메시지 설계

면접에서 자주 등장하는 질문을 미리 준비하면, 긴장 상황에서도 핵심 메시지를 명확하게 전달할 수 있다. 단순히 질문에 대한 답을 외우는 것이 아니라, 질문 유형에 맞는 사고 흐름을 설계하고, 자신의 경험을 효과적으로 전달할 수 있는 메시지 구조를 연습하는 것이 핵심이다. 질문은 다음 세 가지 유형으로 나뉘며, 각 유형별로 대표 질문과 메시지 전략을 정리해보자.

① **자기이해형 질문**

자기이해형 질문에는 나의 성격, 강점, 약점, 가치관, 스트레스 상황

에서의 반응 등을 묻는 항목이 많다. 이때는 단순히 '나는 성실하다', '나는 외향적이다'라고 말하기보다, 실제 경험 속에서 그러한 성향이 드러났던 상황을 설명하는 것이 중요하다. 강점은 직무와 연결되도록, 약점은 개선의 노력과 학습을 중심으로 설명하는 것이 설득력을 높인다.

1. 자신의 강점과 약점은?
2. 나를 한 단어로 표현하면?
3. 주변 사람들은 당신을 어떻게 평가하는가?
4. 스트레스를 받을 때 대처법은?
5. 실패를 경험한 적이 있는가?
6. 학창 시절 가장 기억에 남는 활동은?
7. 존경하는 인물과 그 이유는?
8. 본인을 동료로서 추천할 수 있는 이유는?
9. 자신이 성장했다고 느낀 순간은?
10. 본인의 단점은 어떻게 극복하고 있는가?

② **직무역량형 질문**

직무역량형 질문은 내가 해당 직무를 수행할 수 있는 전문성, 준비도, 실전 경험을 얼마나 가지고 있는지를 확인하기 위한 질문이다. 단순히 흥미가 있다는 말보다는, 전공, 프로젝트, 인턴 경험 등과 직무 요구 역량 간의 연결고리를 명확하게 설명해야 한다. 직무에 대한 충분한 사전 조사와 기업 분석, 최근 산업 트렌드에 대한 이해도 함께 제시하면 효과적이다.

11. 이 직무에 지원한 이유는?
12. 이 직무를 수행할 수 있는 본인의 강점은?
13. 직무 관련 경험 중 인상 깊었던 사례는?
14. 이 회사에 관심을 가지게 된 계기는?
15. 우리 회사의 최근 주요 사업 또는 뉴스는?
16. 입사 후 1년 동안 이루고 싶은 목표는?
17. 산업 트렌드 중 가장 주목하고 있는 이슈는?
18. 다른 기업이 아닌 우리 회사를 선택한 이유는?
19. 대학 전공이 직무와 어떻게 연결되는가?
20. 본인이 생각하는 이상적인 직무수행 방식은?

③ 상황대처형 질문

상황대처형 질문은 실제 업무에서 발생할 수 있는 다양한 변수와 어려움에 어떻게 대응하는지를 확인하기 위한 질문이다. 이러한 질문에 효과적으로 답변하려면, 경험 기반의 구체적인 사례를 STAR 구조로 서술하는 것이 가장 효과적이다. 문제 발생 상황 → 맡은 역할 → 실행한 행동 → 결과와 배운 점의 순서로 논리적으로 설명하자.

21. 팀 내 갈등이 생겼을 때 어떻게 대처했는가?
22. 예상치 못한 문제에 부딪힌 경험이 있는가?

23. 마감기한에 쫓겼던 경험과 그 해결 방식은?
24. 협업 과정에서 갈등을 해결한 사례는?
25. 맡은 역할에서 실수했던 경험은?
26. 리더로서 팀을 이끈 경험은?
27. 피드백을 받고 변화한 경험은?
28. 책임지고 끝까지 수행한 사례는?
29. 새로운 아이디어를 제안했던 경험은?
30. 불리한 상황을 유리하게 바꿔낸 경험은?

4. 1분 자기소개 구성표

1분 자기소개는 면접관이 지원자를 처음으로 평가하게 되는 매우 중요한 시간이다. 이 짧은 시간 안에 지원자의 핵심 강점, 직무 적합성, 인상 깊은 에너지를 효과적으로 전달해야 한다. 단순한 인사말이 아닌, '지원자가 어떤 사람인지', '왜 이 직무에 적합한지'를 전략적으로 설계한 취업 FIT이 들어나야 한다.

1분 자기소개서 구성 공식
나만의 타이틀 → 대표 경험 요약 → 직무 연관성 강조 → 마무리 인사

① 나만의 타이틀: 기억에 남는 첫 문장 만들기
  • 역할: 나를 대표하는 직무 관련 키워드 + 성향 + 이름 조합으로 기억

에 남는 첫인상을 만든다.
- **작성법:** 지원 직무에서 중요한 역량 키워드(예: 분석력, 실행력, 창의성 등)를 나의 특성과 연결하여 표현한다.

🔍 **예시**

"데이터에 강한 문제해결형 지원자 오재영입니다."
"사람과 일을 연결하는 소통형 기획자 박희성입니다."
"도전과 협업에 강한 마케팅 전략가 김효빈입니다."

② 대표 경험 요약: 신뢰를 주는 실전 사례
- **역할:** 나의 강점을 보여줄 수 있는 대표 경험을 1~2문장으로 구체적으로 전달한다.
- **작성법:** 경험은 가능한 한 수치, 기간, 역할, 성과 중심으로 요약한다.

🔍 **예시**

"3개월간 진행된 마케팅 공모전에서 소비자 조사부터 콘텐츠 기획, 발표까지 팀을 이끌며 전체 과정을 주도했습니다."
"OO기업 인사팀 인턴으로서 신규 입사자 온보딩 교육을 설계하고 피드백 분석까지 진행한 경험이 있습니다."
"동아리 활동 중 '지역 홍보 영상 제작 프로젝트'를 기획·편집해 유튜브 조회수 1만 건을 기록한 적이 있습니다."

③ 직무 연관성 강조: 나와 직무를 연결하는 문장
- **역할:** 내가 가진 역량과 경험이 어떻게 지원 직무에서 발휘될 수 있는

지를 명확히 설명한다.
- **작성법:** 기업이 요구하는 직무 역량과 연결 짓고, "그래서 나는 이 직무와 잘 맞는다"는 결론을 이끈다.

🔍 **예시**

"이 경험을 통해 얻은 기획력과 실행력은 마케팅 직무의 핵심 역량과 직접적으로 연결된다고 생각합니다."

"인사 업무에서 중요한 커뮤니케이션과 시스템 이해를 실제 현장에서 체득하며 직무 적합성을 확신하게 되었습니다."

"프로젝트 기획부터 실행까지 주도했던 경험은 콘텐츠 기획 직무에서 필요한 자율성과 책임감을 증명할 수 있다고 믿습니다."

④ **마무리 인사: 겸손과 자신감을 함께 전달하기**
- **역할:** 면접의 첫 시작을 긍정적 에너지로 마무리하며, 인성과 태도를 함께 전달한다.
- **작성법:** 진정성, 기대감, 책임감을 담은 표현으로 마무리하되, 너무 과장되거나 사무적으로 들리지 않게 구성한다.

🔍 **예시**

"이 자리를 통해 저의 진정성과 가능성을 보여드릴 수 있기를 바랍니다. 감사합니다."

"짧은 시간이지만 저의 열정과 준비 과정을 전달드릴 수 있어 감사했습니다."

"지원자 이상의 책임감을 보여드리겠습니다. 오늘 기회 주셔서 감사합니다."

1분 자기소개 실습 프레임

구성 항목	작성 가이드	예시
인사 + 타이틀	직무 키워드 + 나의 특성	"데이터 기반 문제 해결형 지원자 김태현입니다."
대표 경험	수치 + 역할 + 결과 중심	"마케팅 공모전에서 팀 리더로 활동하며 콘텐츠 전략을 기획했습니다."
직무 연관성	경험과 직무의 연결 고리 명확히	"이 과정에서 기획력과 분석력을 실전으로 체득했고, 이는 마케팅 직무와 맞닿아 있습니다."
마무리 멘트	겸손 + 자신감 + 진정성	"회사와 함께 성장하는 인재가 되겠습니다. 감사합니다."

실습 시트 구성 예시

① 나만의 타이틀 키워드 2~3개 정리

나를 대표할 수 있는 직무 관련 키워드, 성격, 역량을 정리하여 자기소개 도입부 문장을 구성하는 기반을 만든다. '지원 직무 + 나의 강점'을 조합한다. 기업 채용 공고, JD Job Description에 자주 등장하는 역량 키워드에서 힌트를 얻는다. 마케팅 직무는 분석력, 기획력, 콘텐츠 감각을 강조하고 인사 직무는 커뮤니케이션, 책임감, 조율력을 명확히 제시하고, IT 직무의 경우 논리적 사고, 문제해결력, 협업능력을 강조한다. 지원 직무에 따라 어떠한 강점을 보유해야 하는 지를 분석하여 본인만의 강점을 구체적으로 제시한다.

② 대표 경험을 2문장 이내로 요약

나의 핵심 경험을 간결하면서도 구체적으로 전달함으로써 신뢰도를 높인다. 언제, 어디서, 무엇을 했는가? 내가 맡은 역할은 무엇이었는가? 성과나 배운 점이 있었는가?를 구체적으로 요약한다.

🔍 예시

"2023년 마케팅 공모전에 참가하여 소비자 조사부터 콘텐츠 기획까지 팀 리더로서 총괄했습니다."

"OO기업 인턴십 동안 입사자 교육 콘텐츠를 직접 기획·운영하여 팀장 피드백을 반영해 개선했습니다."

③ 직무와의 연결 문장 작성

위 경험이 어떻게 해당 직무 역량과 연결되는지를 설명해 '지원 이유'와 '직무 적합성'을 자연스럽게 드러낸다. 경험 속에서 키운 능력 → 해당 직무에서 요구되는 역량과 어떻게 맞물리는지 서술한다.

🔍 예시

"이 과정을 통해 얻은 분석력과 실행력이 마케팅 직무의 본질과 맞닿아 있다고 생각합니다."

"현장에서 고객을 이해하고 소통하며 문제를 해결했던 경험은 HR 직무에서 중요한 역량이라 판단했습니다."

④ 마무리 인사 문장 설계

겸손하면서도 자신감 있는 마무리로 좋은 인상을 남긴다. 나의 태도 감사, 진정성, 책임감를 담아 한 문장으로 정리하되, 말의 톤이 너무 과하거나 가볍지 않도록 주의한다.

🔍 예시

"이 자리를 통해 저의 진정성과 가능성을 보여드릴 수 있기를 바랍니다. 감사합니다."

"오늘 면접이 저를 이해하는 의미 있는 시간이 되기를 바랍니다."

⑤ 친구, 멘토 또는 AI 도구로 피드백 받고 수정

암기용 문장이 아닌, 자연스럽고 설득력 있는 말하기 연습을 위한 피드백 과정이다. 친구 또는 스터디 그룹에게 녹음하여 들어본다. 멘토에게 흐름과 인상에 대한 피드백 요청도 좋은 방법이다. AI 면접 도구 잡케어, 뤼튼, 오픈AI 스피치 등로 실시간 피드백을 받을 수 있다.

피드백 과정에서 문장이 너무 길어지거나 복잡하지 않은지, 반복되는 어휘, 추상적인 표현이 많은지, 핵심이 명확하게 전달되는지 점검해 보자.

1분 자기소개서는 암기보다 자연스러운 말하기가 중요하다. 실제 면접 상황처럼 반복 연습하자. AI 기반 면접 도구 예: 잡케어, 오픈AI 스피치 등를 활용해 영상 피드백을 받으면 효과적이다. 면접관이 기억할 수 있는 자기소개는 정보가 아니라 이야기에서 나온다. 타이틀형 자기소개는 개인 브랜드 구축에도 도움이 된다.

반복적인 연습을 통해 나만의 경험과 역량을 자소서와 면접에 논리적으로 정리할 수 있수 있게 된다. 면접 질문에 핵심 메시지로 유연하게 대응할 수 있으며, 1분 자기소개로 첫인상과 인터뷰 분위기를 주도할 수 있게 될 것이다.

👍
취업FIT